编审委员会名单

主　任　汤兵勇
　　　　（荷）法兰斯・范・德里梅伦
　　　　（Frans van Drimmelen）
　　　　（美）萨拉・隆（Sara Lone）

副主任　熊　励　劳帼龄　孙　勇　娜　日
　　　　李医群　林俊毅
　　　　（荷）乔里・亚伯拉罕（Jorij Abraham）
　　　　（荷）斯蒂芬妮・罗丝（Stefanie Ros）

编　委　顾建兴　王亚春　裴　锐　付大毛
　　　　王德力　杨　涛　邓晶晶　宋轶勤
　　　　邵　明　李彦宝　韩晓东　徐玉华
　　　　郑玉鸿　周玉斌　王　伟　李剑峰
　　　　何　涛　张　坚　王　霆　孙智华

顾　问　杨善林　陈　进　林　亚　陈曙光
　　　　李鸣涛　顾嘉禾　林国龙

联合编写单位：中国跨境电子商务应用联盟 CCEAA

　　　　Dr2 Consultants（荷兰）
　　　　Ecommerce Foundation（欧洲）

China's Cross-border E-commerce Development Report
(2018—2019)

中国跨境电子商务发展报告

(2018—2019)

汤兵勇
（荷）法兰斯·范·德里梅伦（Frans van Drimmelen）　主编
（美）萨拉·隆（Sara Lone）

·北京·

《中国跨境电子商务发展报告（2018—2019）》较系统地阐述了2018—2019年度中国跨境电子商务的总体概况，包括：跨境电子商务发展总体现状、环境建设与综合试验区发展、海南自贸区（港）与跨境电子商务发展概况等；分不同地区重点研究了中国与东南亚、东北亚、中西亚、中东欧及非洲国家跨境电子商务合作概况，包括国家概况与经贸市场、电子商务发展概况、跨境电子商务合作现状、面临困难及提升途径等；探讨了中国沿线区域跨境电子商务发展概况，遴选介绍了近年来企业跨境电子商务典型案例；并附有欧洲B2C电子商务发展报告（2018—2019）。

《中国跨境电子商务发展报告（2018—2019）》旨在为各级政府、各地跨境电子商务园区、企业和个人提供行业概览、系统研究分析，为进一步发展跨境电子商务提供一定参考，推动跨境电子商务健康有序快速发展。

图书在版编目（CIP）数据

中国跨境电子商务发展报告．2018-2019/汤兵勇，（荷）法兰斯·范·德里梅伦（Frans van Drimmelen），（美）萨拉·隆（Sara Lone）主编．—北京：化学工业出版社，2020.5
　ISBN 978-7-122-36212-4

　Ⅰ.①中… Ⅱ.①汤… ②法… ③萨… Ⅲ.①电子商务-研究报告-中国-2018-2019　Ⅳ.①F724.6

中国版本图书馆CIP数据核字（2020）第035812号

责任编辑：王淑燕　宋湘玲　　　　　　　　　　　装帧设计：关　飞
责任校对：宋　玮

出版发行：化学工业出版社（北京市东城区青年湖南街13号　邮政编码100011）
印　　装：大厂聚鑫印刷有限责任公司
710mm×1000mm　1/16　印张11¼　字数174千字　2020年6月北京第1版第1次印刷

购书咨询：010-64518888　　售后服务：010-64518899
网　　址：http://www.cip.com.cn
凡购买本书，如有缺损质量问题，本社销售中心负责调换。

定　　价：88.00元　　　　　　　　　　　　　　　　　版权所有　违者必究

中国跨境电子商务发展报告
（2018—2019）

前　言

Since 2017, much has happened in the development of international cooperation between China and the rest of the world.

自2017年以来，中国与世界其他国家之间国际合作越来越频繁。

Chinese tech giants like Alibaba and TenCent are leading the world in terms of the development of the digital economy and the Chinese cross-border e-commerce market is growing significantly. Import and export activities of cross-border trade through e-commerce to and from China experienced various developments and new forms of e-commerce transactions emerged by innovative ways of selling to B2B and B2C.

在数字经济领域，阿里巴巴和腾讯等中国科技巨头的发展均处于世界前列，中国的跨境电子商务市场呈现出显著增长的态势。通过跨境电子商务开展的中国进出口贸易方式越来越多元化，并且，B2B和B2C创新电子商务交易模式层出不穷。

The content of this book aims to provide the reader with the latest developments in and status of the Chinese cross-border e-commerce sector. Changing trends and behaviours have led to the growth of the industry as well as the creation and diversification of new types of platforms, new ways of logistics, online payment methods, and strategical policies of businesses.

本书旨在为读者提供关于中国跨境电子商务领域发展的最新状况。不断变化的趋势和行为进一步促进了该行业的发展以及新平台、新物流方式、在线支付以及企业战略的创立和多样化发展。

The Chinese government has shown its support to cross-border e-commerce of Chinese enterprises and opened doors by investing in positive collaborations worldwide. International cooperation is important for the trade market and for joint-projects between international e-commerce platforms.

中国政府已经显示出对中国企业跨境电子商务的支持，并向在全球范围内的积极投资合作开启了大门。国际合作对于贸易市场和国际电子商务平台之间的合作项目很重要。

Different regions bring together different types of projects and results. This book covers the status overview of collaboration and development between China and countries in Southeast Asia, Northeast Asia, Middle Southwest Asia, East-Europe and Africa. It discusses both the opportunities and challenges of internationalization and describes various forms of projects created.

不同地区汇聚了不同类型的项目和结果。本书系统化地概述了中国与东南亚、东北亚、中西南亚、东欧和非洲国家之间跨境电子商务合作与发展现状，讨论了国际化的机遇和挑战，介绍了开展的各种形式项目合作。

Within China, regions are experiencing different economical changes along the development of cross-border e-commerce. This book takes a look at those evaluations based on their location and developments. Next, it describes classical examples of corporate e-commerce cases as learning material for the reader.

在中国国内，随着跨境电子商务的发展，各省市和地区也正经历着不同的经济变化。本书根据其地理位置和区域特点进行了研究和分析，并以一些跨境电子商务公司作为典型案例，供读者学习和参考。

I hope this book will inspire you to find new opportunities and get inspired by the upcoming developments we can expect. As founder and CEO of Dr2 Consultants, I and my colleagues are looking forward to contributing your success in the cross-border e-commerce sector. Dr2 Consultants Shanghai is part of the international Dr2 Network that has offices in The Hague (Netherlands), Brussel (Belgium), Copenhagen (Denmark) and Shanghai (China). Our consultants support Chinese entrepreneurs who wish to expand their business to Europe, and vice versa. In the past years, we noticed the growing importance of the e-commerce sector as doing business has become more internationalized than ever. With experts in the various fields, we hope to support entrepreneurs as you to find new opportunities in the changing market and to contribute to your successful journey in the cross-border e-commerce sector.

我希望这本书能够帮助您寻找到新的机会，并从我们可以预期的未来发展中得到启发。作为 Dr2 Consultants 的创始人兼首席执行官，我和我的同事们期待着为您在跨境电子商务领域的成功做出贡献。Dr2 Consultants 上海办事处是我们国际化网络的一部分，该网络在海牙（荷兰）、布鲁塞尔（比利时）、哥本哈根（丹麦）和上海（中国）设有办事处。我们的顾问为希望将业务扩展到欧洲的中国企业家提供支持，反之亦然。在过去的几年中，我们注意到电子商务的重要性与日俱增，并且，做生意比以往任何时候都更加国际化。

我们希望与各个领域的专家一起，为企业家提供支持，帮助您们在瞬息万变的市场中找到新的机会，并为您在跨境电子商务领域的成功做出贡献。

Kind regards,
诚挚的敬意

Drs. Frans van Drimmelen
法兰斯·范·德里梅伦

Founder & CEO, Dr2 Consultants
代途商务信息咨询创始人兼首席执行官

Info@dr2consultants.eu
December 2019
2019 年 12 月

中国跨境电子商务发展报告
（2018—2019）

目　录

第1章　中国跨境电子商务总体概况 ……………………………… 1

 1.1　中国跨境电子商务发展总体现状 ………………………………… 1

  1.1.1　跨境电子商务总体情况 …………………………………… 2

  1.1.2　跨境电子商务进出口结构 ………………………………… 3

  1.1.3　跨境电子商务交易模式 …………………………………… 4

 1.2　中国跨境电子商务环境建设发展 ………………………………… 4

  1.2.1　跨境电子商务服务体系 …………………………………… 4

  1.2.2　跨境电子商务物流网络 …………………………………… 5

  1.2.3　跨境电子商务支付服务 …………………………………… 6

  1.2.4　跨境电子商务政策环境 …………………………………… 7

  1.2.5　国际合作机制建设 ………………………………………… 9

1.3 中国跨境电商综试区发展 ··· 10
   1.3.1 跨境电商综试区总体发展情况 ······························ 10
   1.3.2 2018—2019年跨境电商综试区创新方向 ···················· 11
   1.3.3 2018年新增跨境电商综试区的创新方向 ···················· 26

1.4 海南自贸区（港）与跨境电子商务 ································ 35
   1.4.1 加快推进海南"双自贸"建设 ································ 36
   1.4.2 跨境电子商务发展迅速 ······································ 37
   1.4.3 外贸结构不断优化 ·· 37
   1.4.4 口岸国际快件进境激增 ······································ 38
   1.4.5 离岛免税店销售额快速增长 ································ 38

第2章 中国与东南亚国家跨境电子商务合作概况 ················ 39

2.1 东南亚国家概况与经贸市场 ······································ 39
   2.1.1 国家概况 ·· 39
   2.1.2 经济贸易市场特征 ·· 40

2.2 东南亚国家电子商务发展状况 ···································· 43

2.3 跨境电子商务合作概况 ·· 46
   2.3.1 中国与东南亚跨境电子商务合作现状简介 ················ 46
   2.3.2 中国与东南亚跨境电子商务合作面临困难 ················ 49
   2.3.3 中国与东南亚跨境电子商务合作提升途径 ················ 50

第3章 中国与东北亚国家和俄罗斯跨境电子商务合作概况 ··· 53

3.1 东北亚国家和俄罗斯概况与经贸市场 ·············· 53

3.1.1 国家概况 ·· 53

3.1.2 经济贸易市场特征 ···································· 55

3.2 东北亚国家和俄罗斯电子商务发展状况 ············ 57

3.3 跨境电子商务合作概况 ······························ 61

3.3.1 中国与东北亚和俄罗斯跨境电子商务合作现状简介 ···· 61

3.3.2 中国与东北亚和俄罗斯跨境电子商务合作面临困难 ···· 63

3.3.3 中国与东北亚和俄罗斯跨境电子商务合作提升途径 ······ 64

第4章 中国与中西亚国家跨境电子商务合作概况 ·············· 65

4.1 中西亚国家概况与经贸市场 ························ 65

4.1.1 国家概况 ·· 65

4.1.2 经济贸易市场特征 ···································· 66

4.2 中西亚国家电子商务发展状况 ······················ 67

4.3 跨境电子商务合作概况 ······························ 70

4.3.1 中国与中西亚跨境电子商务合作现状简介 ············ 70

4.3.2 中国与中西亚跨境电子商务合作面临困难 ············ 72

4.3.3 中国与中西亚跨境电子商务合作提升途径 ············ 73

第5章 中国与中东欧国家跨境电子商务合作概况 ·············· 75

5.1 中东欧国家概况与经贸市场 ························ 75

  5.1.1 国家概况 …………………………………………………… 75

  5.1.2 经济贸易市场特征 …………………………………………… 76

 5.2 中东欧国家电子商务发展状况 …………………………………… 78

 5.3 跨境电子商务合作概况 …………………………………………… 80

  5.3.1 中国与中东欧跨境电子商务合作现状简介 ………………… 80

  5.3.2 中国与中东欧跨境电子商务合作面临困难 ………………… 82

  5.3.3 中国与中东欧跨境电子商务合作提升途径 ………………… 83

第 6 章　中国与非洲国家跨境电子商务合作概况 …………… 86

 6.1 非洲国家概况与经贸市场 ………………………………………… 86

  6.1.1 国家概况 …………………………………………………… 86

  6.1.2 经济贸易市场特征 …………………………………………… 87

 6.2 非洲国家电子商务发展状况 ……………………………………… 88

 6.3 跨境电子商务合作概况 …………………………………………… 92

  6.3.1 中国与非洲跨境电子商务合作现状简介 …………………… 92

  6.3.2 中国与非洲跨境电子商务合作面临困难 …………………… 93

  6.3.3 中国与非洲跨境电子商务合作提升途径 …………………… 94

第 7 章　中国沿线区域跨境电子商务发展概况 …………… 96

 7.1 粤港澳大湾区 ……………………………………………………… 96

  7.1.1 香港 ………………………………………………………… 96

  7.1.2 澳门 ………………………………………………………… 97

7.1.3 广东 ··· 99
7.2 长三角城市群 ··· 100
7.2.1 宁波 ··· 101
7.2.2 上海 ··· 102
7.2.3 杭州 ··· 103
7.2.4 苏州 ··· 103
7.3 长江流域经济带 ··· 105
7.3.1 重庆 ··· 105
7.3.2 成都 ··· 108
7.4 京津冀城市群 ··· 109
7.4.1 北京 ··· 109
7.4.2 天津 ··· 111
7.4.3 石家庄 ··· 112
7.5 东北—蒙东经济区 ··· 112
7.5.1 黑龙江 ··· 113
7.5.2 吉林 ··· 114
7.5.3 辽宁 ··· 115
7.5.4 蒙东地区 ··· 116
7.6 西部经济带 ··· 118

  7.6.1　西安 …………………………………………………………… 118

  7.6.2　兰州 …………………………………………………………… 120

  7.6.3　新疆 …………………………………………………………… 121

第 8 章　企业跨境电子商务典型案例 …………………………………… 123

  8.1　Club Factory：技术重构出海供应链 ………………………………… 123

  8.2　小笨鸟："互联网 + 外贸"创新模式 ………………………………… 125

  8.3　智汇创想：助力中国制造走向世界 ………………………………… 127

  8.4　星家加："供应链互联网 +"模式 …………………………………… 128

  8.5　Fordeal：电商出海一站式平台 ……………………………………… 130

  8.6　遨森电商：智能化运营是关键 ……………………………………… 131

  8.7　骐茂电商：B2B2C"一站式"跨境电子商务平台 ………………… 133

  8.8　宝贝格子：母婴跨境新零售平台 …………………………………… 135

  8.9　Amanbo：非洲最大的 B2B 跨境电子商务平台 …………………… 137

  8.10　豌豆公主：国内领先的日淘跨境电子商务平台 ………………… 139

  8.11　网来云商：全球跨境电子商务综合枢纽，用母语做全球生意 … 140

附录 A：欧洲 B2C 电子商务发展报告（2018—2019） ……… 143

附录 B：国家电子商务示范基地——上海市普陀区中环商贸区 … 153

参考文献 ……………………………………………………………………… 160

后记 …………………………………………………………………………… 164

中国跨境电子商务发展报告
（2018—2019）

第1章 中国跨境电子商务总体概况

1.1 中国跨境电子商务发展总体现状

2018年中国跨境电子商务继续保持创新和快速的发展，跨境电子商务在促进外贸发展的作用日益显著，呈现出高质量发展的新局面。跨境电子商务监管方式不断创新，区块链等新技术在跨境电子商务溯源、支付、物流、金融、流程监管等环节逐步得到应用。跨境电子商务模式不断创新，M2B2、B2B2C、B2C、O2O、全球中心仓等呈现多业态发展。以中国国际进口博览会为平台的生态体系效应逐渐显现，高新技术进口成为跨境电子商务进口新趋势。跨境电子商务出口主体呈现多元化发展，制造企业和中大型外贸企业开始快速布局跨境电子商务市场，成为中国"品牌出海"的新亮点。丝路电商合作不断深化，我国与俄罗斯、阿根廷等多个国家新建电子商务合作机制，与柬埔寨、科威特、阿联酋、奥地利等国跨境电子商务交易额同比增速均超过100%。跨境电子商务系列新政的出台和《中华人民共和国电子商务法》（以下简称《电子商务法》)的实施,将进一步规范中国跨境电子商务市场,促进我国跨境电子商务高质量可持续发展。

1.1.1 跨境电子商务总体情况

从我国电子商务领域首部综合性法律《电子商务法》的正式出台到首届中国国际进口博览会的成功举办;从传统企业借助跨境电子商务转型到跨境电子商务零进口监管政策落地;从新设22个城市为跨境电子商务综合试验区(以下简称"跨境电商综试区")到跨境零售进口监管政策覆盖综合保税区;从2019年新一批跨境电商综试区筹备扩容到丝路电商保持快速发展,我国电子商务快速发展。在政策环境不断优化的背景下,2018年中国跨境电子商务发展取得了新成效。2019年跨境电子商务仍旧保持快速发展,高质量可持续发展成为2019年跨境电子商务产业发展的关键词。

(1) 交易总额不断增长,商品结构不断优化

2018年中国跨境电子商务零售进出口交易额又上新台阶。据海关总署数据显示:通过海关系统验放的进出口商品总额为1 347亿元,同比增长50%。其中出口商品额为561.2亿元,增长67%;进口商品额为785.8亿元,增长39.8%;而2017年跨境电子商务出口增速仅为41.3%,与之相比,2018年跨境电子商务出口增速提高了25.7个百分点。2018年跨境电子商务进口额仍占零售总额的55%以上,但增速有所放缓。2019年上半年,跨境电子商务仍保持较快增长。根据商务大数据监测显示,2019年上半年主要跨境电子商务平台零售进口额同比增长超过20%。从源产地看,自日本、美国、韩国进口额排名前三,占比分别为19.1%、13.9%和10.7%;从品类看,化妆品、粮油食品和日用品进口额排名前三,占比分别为34.8%、24.7%和9.6%。

(2) 区域布局不断优化,中西部地区成为新增长点

我国东部地区各省市跨境电子商务持续发展,中西部地区提速明显。2018年,112个海关关境中跨境电子商务零售出口清单量排名前四的是黄埔、

杭州、广州、北京；跨境电子商务零售进口交易额排名前四的是广州、宁波、杭州、重庆。其中中西部地区郑州和重庆发展较快。据郑州海关发布的数据显示，2018 年郑州海关共监管跨境电子商务进出口清单 9 507.3 万票，进出口商品总值 120.4 亿元，同比分别增长 4.2% 和 5.7%；其中，进口清单 7 714.3 万票，进口商品总值 112.2 亿元，同比分别增长 4.7% 和 5.8%；出口清单 1 793 万票，出口商品总值 8.2 亿元，同比分别增长 1.8% 和 4.4%，各项业务均呈现增长态势。2018 年重庆保税港区跨境电子商务零售进出口额达 28.1 亿元，同比增长 109.2%；成交订单 1 655 万票，占重庆市同期成交订单总量的 72.3%。

（3）贸易范围不断扩大，丝路电商成为新亮点

随着"一带一路"倡议的快速推进，丝路电商得到快速发展，成为我国外贸新亮点。2018 年，中国与柬埔寨、科威特、奥地利等国跨境电子商务交易额同比增速均超过 100%。同时，中国"一带一路"沿线重要节点城市的跨境电子商务发展迅速，成为推动区域经贸发展的新业态。

"一带一路"倡议促进我国外贸发展提质扩容。据海关统计，2019 年 1～3 月，我国对"一带一路"沿线国家进出口总值 2 万亿元，同比增长 7.8%，高出同期我国外贸整体增速 4.1 个百分点，占我国同期进出口总值的 28.6%。其中，出口 1.12 万亿元，增长 9.8%；进口 8 768.5 亿元，增长 5.4%。我国与"一带一路"沿线国家的贸易合作潜力正在持续释放，成为拉动我国外贸发展的新动力。

1.1.2 跨境电子商务进出口结构

2018 年中国跨境电子商务的进出口结构上出口交易规模占比达到 78.9%，进口交易规模比例达到 21.1%。

① 跨境电子商务交易结构中，出口依然占据主导地位，品牌出海成为近年来发展的主流趋势。在出口电子商务中，庞大的海外市场需求及外贸企业

急需转型升级等因素都助推行业快速发展,吸引更多的企业纷纷借助跨境电子商务拓展全球市场。

② 进口电子商务方面,消费升级和扩大进口的政策都促使该市场有巨大的发展空间。国外零售商品目前借助两条路径进入中国,即一般贸易交易模式和跨境电子商务交易模式。二者相比,跨境电子商务交易模式在更积极开放的政策支持下,能够体现交易流程扁平化、服务集约化,从而帮助海外品牌商将商品更快更好地销售给中国消费者。

1.1.3 跨境电子商务交易模式

2018年在中国跨境电子商务交易模式中,跨境电子商务B2B交易占比达83.2%,跨境电子商务B2C交易占比为16.8%。

① B2B模式在跨境电子商务交易模式占比中超过八成,多年来一直是占主导地位的商业交易模式。跨境电子商务B2B的商业交易模式在于去中间环节,让品牌商和买家直接对接,通过终端市场用户来驱动生产方和品牌方,提供更适合用户需求的产品。当前包括阿里巴巴、亚马逊等各大平台都在加大跨境电子商务B2B市场的拓展力度,为全球企业和机构买家的长尾采购提供一站式解决方案。

② 越来越多的B2C跨境电子商务平台建立起来,跨过众多的中间环节直接连接工厂与消费者,以B2B2C的形式减少了交易环节,消除了信息不对称。B2C模式通过化整为零面向终端的销售模式,比传统外贸等形式更为灵活。

1.2 中国跨境电子商务环境建设发展

1.2.1 跨境电子商务服务体系

2018年,中国海关进出口监管服务不断提升,为跨境电子商务的发展营造了优质环境。在通关证件、服务项目、信息化、机制改革和国际合作等领域有较大突破，并在压缩进出口通关时间方面取得了显著成效。2018 年，进口、出口环节通关时间分别压缩 56.4% 和 61.2%，超额完成年内压缩三分之一的目标。通关证件方面，口岸验核监管证件从 86 种精简到 46 种，全国口岸均已公示目录清单，有效降低进出口环节合规成本。在服务项目方面，海关深化全国通关一体化改革，"三互"大通关工作机制进一步完善，国际贸易"单一窗口"标准版拓展至 12 大基本服务功能，主要申报业务应用率达 80% 以上；依托国际贸易"单一窗口"开展全国版跨境电子商务线上综合服务平台建设，构建更加高效便捷的通关软环境。在信息化建设方面，海关总署积极推动跨境电子商务平台数据的接入以及进出境邮递物品信息化管理系统的启用，实现无纸化通关，目前应用比例已达 98%。在机构改革方面，2018 年 4 月 16 日国务院通过机构改革方案，原国家质量监督检验检疫总局的出入境检验检疫管理职责和队伍划入海关总署，为信息共享、统筹监管提供了体制保障。

依托跨境电商综试区，通过构建一套与外贸发展相适应的跨境电子商务服务体系，集合第三方平台、物流、仓储、支付、培训、融资、创投、营销、数据、展会和咨询等国内外跨境电子商务服务资源，以电子商务产业园区为载体，推动跨境电子商务生态体系的建设和完善，为外贸企业转型升级、开拓国际市场培育新优势。

通过对跨境电商各平台数据的分析和梳理，为外贸企业出口提供更好更多的服务，包括通关、贸易融资、信用担保、物流、数字营销、换汇退税、知识产权保护、人才培养等。构建了"1234X"模式：1（公共服务平台）+2（跨境电商创新服务平台＋外贸综合服务平台）+3（供应链服务＋金融＋品牌建设）+4（政策＋法律＋监管＋数据）+X（跨境电商产业集聚园区），为企业借助跨境电子商务开展外贸业务提供一站式服务。

1.2.2 跨境电子商务物流网络

2018 年中国跨境物流服务水平得到多方面提升，主要体现在：

（1）海外仓建设与其他物流方式融合，完善跨境物流网络

2018年，我国快递企业服务跨境电商的能力不断增强，国际网络及海外仓覆盖50多个国家和地区；为满足跨境电商卖家不同需求，快递企业能够提供国际快递、国际电商专线、国际货运、国际小包、海外仓、集货等多样化的综合解决方案，支撑了超过3 500亿元的跨境电子商务贸易。同时跨境电商平台依托自身优势，拓展跨境物流网络，提高跨境购物体验。

（2）构建海外物流枢纽，降低跨境物流运输成本

国内物流企业在全球重要节点城市建设商贸与物流集散枢纽，并陆续上线使用，将实现多对多互联互通，真正成为"全球一张网"的数字化基础设施。

（3）"一带一路"国际物流快速发展，助推丝路电商

截至2018年底，中国境内开通中欧班列的城市达到59个，可到达欧洲15个国家的49个城市，回程班列数量与去程班列的占比已达到72%，基本实现"去4回3"，计划兑现率等指标也均达到了历史最好水平。此外，在"一带一路"建设中，国际多式联运逐步从过去以海运为中心的方式转变为海运、陆运并重，提升了"一带一路"沿线国家的物流效率，为丝路电商发展提供了多样化的物流方式选择。中国跨境物流以海外仓、海外物流枢纽为点带动整个物流链条的畅通，以国际物流线路为连接线构建海陆空一体化国际物流生态网络，将更好地服务于全球跨境电子商务发展。

1.2.3　跨境电子商务支付服务

2018年，中国跨境支付服务不断升级，助力中国跨境电子商务快速发展。中国跨境支付机构服务的地域不断扩大。中国第三方支付企业通过在目的国申请支付牌照、设立分支机构等方式，拓展跨境支付业务，确保跨境电商支、付、汇通畅，实现退税服务。目前，中国多家跨境支付企业的业务已经覆盖40多个国家和地区。

根据易宝研究院发布的数据显示，2018年中国跨境支付行业交易规模达4 944亿元，同比增长55.03%。

① 在"一带一路"政策利好的背景下，品牌出海业务成为电子商务强有力的新增长点，支付作为底层设施也乘着这艘大船驶向海外。支付宝、微信、银联等C端支付率先扛起出海大旗，而万亿外贸市场中，瞄准B端跨境支付的商家也各自摸索出多种发展路径。

② 目前跨境支付市场需求强烈，市场竞争并不充分，但跨境支付有别于其他传统支付方式，跨境支付过程须向贸易两国的监管机构申报，如何设计出解决跨境贸易细分市场痛点的跨境支付解决方案并获得监管机构的支持，改变贸易双方的习惯，是跨境支付企业需要解决的难题。

1.2.4 跨境电子商务政策环境

2018年《电子商务法》的出台，为中国跨境电子商务规范发展提供了基础性的法律依据，国务院及各部委颁布的规章文件进一步明确了跨境电子商务的具体监管办法。

（1）《电子商务法》的相关规定

2018年8月，第十三届全国人民代表大会常务委员会第五次会议通过了《电子商务法》，其中"第二章 电子商务经营者"和"第五章 电子商务促进"明确提出关于跨境电子商务发展的相关要求和措施，核心内容包括四个方面：

① 对跨境电子商务经营者提出了基本监管要求，即从事跨境电子商务的经营者，应当遵守进出口监督管理的法律、行政法规和国家有关规定。

② 建立健全监管制度体系，尤其在海关、税收、出入境检验检疫、支付结算等领域的管理制度要适应跨境电子商务的发展需求。

③ 促进监管便利化，重点在于优化监管流程，实现信息共享、监管互补、

执法互助，提高跨境电子商务的服务水平和监管效率。

④ 推动跨境电商国际合作交流与电子商务国际规则的制定。

（2）国家层面跨境电子商务利好政策频出

2019年7月初，国务院常务会议部署完善跨境电商等新业态促进政策。会议指出，下一步要在现有35个跨境电子商务综合试验区基础上，根据地方意愿，再增加一批试点城市。在税收政策方面，对跨境电子商务综合试验区电商零售出口，落实"无票免税"政策，出台更加便利企业的所得税核定征收办法。会议提出支持跨境电商等新业态发展，是适应产业革命新趋势、促进进出口稳中提质的重要举措。会议提出支持建设和完善海外仓。跨境电子商务迎来了新的发展机遇。

2018年7月，国务院办公厅转发了商务部等《关于扩大进口促进对外贸易平衡发展的意见》等跨境电子商务相关政策文件。这些文件主要聚焦了三个方面：

① 强调跨境电商进口的重要作用。《关于扩大进口促进对外贸易平衡发展的意见》（国办发〔2018〕53号），强调了跨境电商进口在促进对外贸易平衡发展中的作用，其明确提出要"创新进口贸易方式。加快出台跨境电商零售进口过渡期后监管方案，统筹调整跨境电商零售进口正面清单。加快复制推广跨境电商综试区成功经验做法，研究扩大试点范围"。

② 扩大跨境电商综试区的试点范围。《国务院关于同意在北京等22个城市设立跨境电子商务综合试验区的批复》（国函〔2018〕93号）的出台，肯定了前两批综合试验区关于跨境电商监管和发展的试点探索，将15个试点城市进一步扩大到了37个城市。

③ 突出跨境电商信息化监管的重要性。《国务院关于印发优化口岸营商环境促进跨境贸易便利化工作方案的通知》（国发〔2018〕37号）中明确，将"单一窗口"功能覆盖至海关特殊监管区域和跨境电商综试区等相关区域，对接全国版跨境电商线上综合服务平台，突出跨境电商信息化监管的重要性。

（3）国家部委出台有关文件

2018年，国家部委出台了《关于完善跨境电子商务零售进口监管有关工作的通知》等6个跨境电子商务相关政策文件。

① 继续完善跨境电子商务业务的基本监管制度和监管要求。如《关于完善跨境电子商务零售进口监管有关工作的通知》（商财发〔2018〕486号）明确，政府部门、跨境电子商务企业、跨境电子商务平台、境内服务商、消费者各负其责的原则和具体要求；《关于实时获取跨境电子商务平台企业支付相关原始数据有关事宜的公告》（海关总署公告2018年第165号）明确，参与跨境电子商务零售进口业务的跨境电子商务平台企业应当向海关开放支付相关原始数据，供海关验核。

② 进一步优化跨境电子商务零售进口商品准入规定。财政部等十三个部委联合发布了《跨境电子商务零售进口商品清单（2018年版）》，增加了葡萄汽酒、麦芽酿造的啤酒、健身器材等63个消费者需求较大的税目商品；同时也对前两批清单的商品税则税目进行了技术性调整和更新。

③ 调整了跨境电子商务进出口税收政策。出口方面，财政部、税务总局、商务部和海关总署联合发布的《关于跨境电子商务综合试验区零售出口货物税收政策的通知》（财税〔2018〕103号）明确，对跨境电商综试区电子商务出口企业出口未取得有效进货凭证的货物，同时符合条件的试行增值税、消费税免税政策。进口方面，《关于完善跨境电子商务零售进口税收政策的通知》（财关税〔2018〕49号）进一步提高跨境电子商务零售进口的限额，将单次交易限值由2 000元提高至5 000元，年度交易限值由20 000元提高至26 000元。此外，还推动完善跨境电子商务零售出口增值税"无票免税"政策，促进行业阳光化发展。

1.2.5　国际合作机制建设

（1）电子商务双边国际合作成果丰硕

2018年，中国与奥地利、哈萨克斯坦、俄罗斯、科威特、阿联酋、卢旺达、冰岛、巴拿马、阿根廷等9个国家签署了关于电子商务合作的谅解备忘录，双边国际合作取得了重要进展。截至2018年底，与中国签署电子商务合作谅解备忘录的国家达到17个，2019年又增加了意大利等。从谅解备忘录的内容上看，中国开展跨境电子商务国际合作以伙伴国的国情和经济发展基础为出发点，体现了双边经贸的互补性，因而侧重点各有不同。如中国与俄罗斯、阿根廷等国家强调通过两国企业开展电子商务合作，促进优质特色产品的跨境贸易；中国与奥地利之间强调通过电子商务促进优质产品及服务的进出口贸易；中国与巴拿马之间强调通过电子商务合作提升物流和旅游服务水平。从未来的发展潜力和趋势上看，随着这些电子商务合作谅解备忘录的落实推进，中国与伙伴国之间双边跨境电子商务具备良好的发展前景。

（2）多边区域电子商务合作取得新成效

随着全球电子商务市场的快速发展，中国高度重视区域国际合作，努力推动多边讨论并取得新成效。2018年，中国深入落实金砖厦门会晤共识，促成《金砖国家电子商务合作框架》，并就示范电子口岸等达成十余项务实成果，进一步深化合作。2018年6月6~7日在宁波举行第三次中国—中东欧国家经贸促进部长级会议，各方就深化"一带一路"和"16+1合作"框架下中国与中东欧国家贸易、投资、基础设施互联互通、产能、金融、电子商务、中小企业合作等重点议题深入交换意见，达成广泛共识；一致通过了《中国—中东欧国家电子商务合作倡议》。今后，中国将与中东欧16国共同探讨建立"16+1"中小企业合作平台、电子商务合作平台、海关协调中心、数字经济和智慧产业合作平台，促成更多经贸合作成果。

1.3 中国跨境电商综试区发展

1.3.1 跨境电商综试区总体发展情况

（1）跨境电商综试区成效显著，形成一批可复制推广经验

2015年以来，国务院批准设立的杭州等13个跨境电商综试区取得积极

成效,跨境电子商务成交额持续增长,成为外贸新增长点。在通关、物流便利化等方面形成了一系列经验做法向全国推广,带动了创业创新和产业升级。据世界银行最新评估,我国营商环境总体排名第 46 位,跨境贸易排名第 65 位,均比上年提升了 32 位。以杭州为例,作为全国首批 5 个试点城市之一,也是全国首个获批的"跨境电子商务综合试验区",2015 年成立之初,杭州只有 3 500 家跨境电子商务企业,经过四年多发展,达到了 12 000 家。

(2) 2018 年国务院批准在 22 个城市新设一批跨境电商综试区

2018 年 7 月 13 日,在国务院常务会议上,决定在北京、呼和浩特、沈阳、长春、哈尔滨、南京、南昌、武汉、长沙、南宁、海口、贵阳、昆明、西安、兰州、厦门、唐山、无锡、威海、珠海、东莞、义乌 22 个城市新设一批跨境电商综试区,持续推进对外开放、促进外贸转型升级。

(3) 2019 年跨境电商综试区酝酿进一步扩容

2019 年 7 月 3 日,国务院常务会议明确下一步要在现有 35 个跨境电商综试区基础上,根据地方意愿,再增加一批试点城市,例如山西、新疆、青海、西藏等跨境电商综试区空白的省(自治区)。跨境电商综试区的进一步扩容旨在当前国际经贸形式复杂多变的背景下,通过支持跨境电子商务发展,在满足国内消费升级需求的同时,大力发展跨境电子商务出口,从供给侧改革入手打通进出口贸易新通道。

1.3.2 2018—2019 年跨境电商综试区创新方向

(1) 杭州跨境电商综试区

跨境电子商务已成为杭州外贸发展的新动能和新引擎。2019 年 3 月,杭州跨境电商综试区成立四周年。在过去的四年历程中,杭州外贸有实绩企业数量从四年前的 3 500 家左右增长至 12 000 多家。2018 年,杭州跨境电商综试区培育年销售超千万美元的大卖家 100 家、跨境电子商务新品牌 52 个。

2018年,杭州实现跨境电子商务交易额113.7亿美元,其中,出口80.2亿美元,进口33.5亿美元,同比分别增长14.2%和14.9%,跨境电子商务出口量占杭州外贸出口的比重达16.8%。杭州跨境电商综试区积极促进跨境电子商务平台和高校联手,目前已有34所在杭高校开设跨境电子商务方向课程。杭州企业在全球速卖通上的开店数从2017年底的约3 300个增长到2018年底的4 500多个。杭州已拥有跨境电子商务企业9 137余家,吸引阿里巴巴国际、速卖通、eBay、天猫国际、网易考拉、执御、亚马逊、支付宝、PingPong、百世国际等知名跨境电子商务企业入驻,跨境电子商务产业链和生态圈日臻完善。

杭州跨境电商综试区的创新方向主要是:

① 完善六体系,搭建大数据实验室和创新项目展示平台(e-box)。该平台汇聚涉及贸易环节、企业诚信等方面数据近3.5亿条,完成杭州1.6万多家外贸企业的信用评分评级,并推出海外征信系统;创建"物流桥"项目,联合菜鸟等市场主体开通杭州至新西伯利亚、芝加哥、莫斯科、比利时、纽约等地全货机国际航线;与中国建设银行合作创新基于信用评价等级的跨境快贷产品,已提供20亿元担保授信额度。

② 进一步深化eWTP杭州实验区建设。具体包括:启动eWTP秘书处改扩建、eWTP杭州示范区、菜鸟e-hub华东智能仓、线上综合服务平台提升工程等重大项目建设;发挥eWTP秘书处作用,探索与有关国家和国际组织的合作机制;会同阿里巴巴制订实施eWTP出海线路图等。杭州深化通关便利化、促进监管最优化、推进服务全程化。积极重点开展大平台培育工程、"大卖家"培育工程、新品牌培育工程、服务商培育工程、新零售发展工程等,进一步突出"智能化"发展,建设开放高效的"数字口岸"。

③ 打造数字丝绸之路战略枢纽。杭州依托数字贸易线上线下平台,加快实现信息流、人才流、资金流、货物流、服务流等经济要素的集聚,扩大对"一带一路"沿线国家地区的辐射效应。通过打造全球数字贸易平台集聚地、全球数字贸易服务中心、开放高效的数字口岸、数字贸易产业合作走廊、全

球数字贸易发展交流平台等五个方面，力争到 2022 年，培育年交易额 100 亿元以上的全球数字贸易平台 30 个以上，服务全球供应链及中小微企业超过 300 万家；杭州数字贸易占全市外贸比重超过 30%，培育带动 200 个以上杭州数字贸易品牌出海，加快形成以技术、标准、品牌、质量、服务为核心的杭州数字贸易新优势。

（2）天津跨境电商综试区

天津跨境电商综试区通过采用"一区多园"的布局，创建各具特色的跨境电子商务试验园区，通过持续优化产业发展环境、完善跨境电子商务服务支撑体系、建立跨境电子商务产业集聚区，打造了跨境电子商务完整的产业链和生态链，传统优势产业借助跨境电子商务拓展新渠道，为天津的外贸发展提供了新路径。目前，跨境电子商务产业已经成为天津市经济发展的重要增长点。

2019 年 1~6 月份，天津市共完成跨境电子商务零售订单 1 431 万单，同比增长 47.6%，实现交易额 25.32 亿元，同比增长 56.8%。截至 2019 年 9 月，天津跨境电子商务保税仓面积超过 30 万平方米，京东全球购、天猫国际、网易考拉、亚马逊等行业巨头均已落户天津，已备案各类跨境电子商务及支付、物流等相关企业超过 300 家，日处理单量峰值超过 100 万单。同时，天津市正推动企业采取整合、自建、租用等多种方式，发展跨境电子商务海外仓业务，目前已在美国、欧洲、日本、韩国等跨境电子商务主要进出口市场设立海外仓 20 余个，仓储面积 6 万多平方米。此外，天津市还创新出台了信保支持政策，联合中国出口信用保险公司、外贸综合服务企业，为跨境电子商务提供"申请授信—国内采购—报关出口—国际物流—信保融资—结汇退税"等全流程整体供应链解决方案。

截至 2019 年 9 月，天津初步形成了东疆保税港区、天津港保税区、空港航空物流区、中心商务区于家堡环球购、东丽航空商务区、武清开发区、红桥大龙网龙工场等 7 个跨境电子商务创新试验区，呈现出错位集聚、优势互补、协同推进的跨境电子商务产业布局。

跨境电商进口业务方面，以东疆保税港区、天津港保税区为核心的跨境电商保税备货业务加速发展。据天津市商务局数据显示，2018年天津市跨境电商共计进口1 966.9万单，同比增长325%；保税进口入区货值46.37亿元，同比增长288%；进口销售额29.34亿元，同比增长155%。截至2019年2月28日实现跨境电商保税进口、直购进口和零售出口业务的全覆盖。

天津跨境电商综试区的创新方向主要体现在：

① 持续优化产业发展环境。天津跨境电商综试区通过提升系统等基础设施的配置，大幅提升跨境电子商务平台业务处理能力；简化通关管理流程和制度，有效提高通关时效；拓展跨境电子商务综合平台系统功能，为跨境电子商务企业提供通关、物流、结汇、税收、数据交换及商务服务等功能，实现跨境电子商务出口业务线上一站式服务。在商品准入、商品归类、税收管理、外汇结算、质量风险监控等方面，不断优化和完善跨境电子商务监管流程，推动跨境电子商务便利化、规范化、国际化发展。

② 完善跨境电子商务服务支撑体系。依托天津海空双港联动发展，整合仓储及海空物流资源，以京津冀为核，建成辐射北方地区的跨境电子商务仓储物流集散中心；在全国首创高校、企业、银行、外贸综合服务企业等多方合作的金融服务模式，解决跨境电子商务出口企业融资难题；校企合作，建设成立跨境电子商务人才培训基地，运用跨境电子商务企业专业人才资源，培育和指导跨境电子商务创业项目落地，加强实用型、创新型人才培养，为跨境电子商务创新发展提供人才支撑。

③ 打造跨境电子商务产业集聚区。天津跨境电商综试区通过打造三个跨境电子商务产业生态体系，即跨境电子商务公共服务平台、京津冀产业联盟及产业支持政策体系，吸引跨境电子商务各类企业在天津集聚；积极支持保税商品体验馆等跨境电子商务新零售模式的线下布局，加快跨境电子商务智能物流线下基础设施、产业基地及专业园区的建设升级，搭建现代化、国际化的智慧物流基地。

（3）上海跨境电商综试区

上海跨境电商综试区依托 11 个线下跨境电子商务园区错位发展，并借鉴杭州"六体系两平台"的成熟经验，在产业认证、商品溯源、外汇结算、公共服务等领域不断探索研究，推动解决困扰跨境电子商务发展的难题，为打造跨境电子商务生态圈、培养跨境电子商务龙头企业奠定了坚实的基础。

上海跨境电商综试区开展跨境电子商务通关服务、外汇支付、零售出口等创新探索，推动直邮出口、直邮进口和保税进口等业务模式落地，认定并加强市级跨境电子商务示范区建设，聚集了 Wish、Ebay、Shopee、小红书等一大批国内外知名企业。

上海积极探索跨境电子商务便利化措施，依托线下不同跨境电子商务园的贸易和产业发展特点，优化完善配套服务，为跨境电子商务企业打造良好的营商环境和产业发展基础。

上海跨境电商综试区的创新方向是：着力打造跨境电子商务公共服务平台，建设跨境电子商务线上"单一窗口"平台、跨境电子商务大数据中心以及线下集中监管点，在产业认证、商品溯源、外汇结算、公共服务等领域不断探索研究，推动解决跨境电子商务商品溯源、质量安全、阳光结汇等困扰跨境电子商务健康发展的难题，为搭建上海跨境电子商务产业生态圈、培育具有国际竞争力的跨境电子商务龙头企业奠定坚实基础。

（4）重庆跨境电商综试区

重庆通过优化跨境电子商务监管模式和简化抽检成本，提高通关时效，依托"渝新欧"大通道整合跨境电子商务资源，降低电子商务企业综合成本，大幅提升了重庆企业的核心竞争力，助推重庆跨境电商综试区建设打造覆盖中西部地区的中心物流配送基地。

重庆跨境电子商务业务分布在重庆西永综合保税区、重庆两路寸滩保税港区、重庆南彭公路保税物流中心（B型）和重庆铁路保税物流中心（B型）

区域。目前，已经形成了以上述四个保税园区为中心的新兴跨境电子商务产业聚集地，借助中欧班列和水、陆、空综合物流交通优势，面向欧美、东盟等市场打通物流通道，打造西部最大的跨境电子商务物流基地和进出口商品集散中心。

自重庆跨境电商综试区获批以来，重庆口岸通关环节明显优化，通关时间进一步缩短，企业成本持续下降，通关效率不断提升。以"一达通"为代表的电子商务基础服务企业，打破了中小企业外贸的诸多壁垒，年出口额逐年递增。重庆跨境电商综试区积极探索班列与跨境电子商务的联动机制，实现国内跨境电子商务首次以专列形式完成进口物流贸易。

据重庆市商务委发布的数据显示，2018年，重庆市跨境电子商务进出口及结算246.56亿元，同比增长43.9%。截至2019年1～5月，重庆跨境电子商务进出口及结算108.1亿元，同比增长33%，其中，B2C进口17.8亿元，B2B出口4.7亿元，跨境电子商务结算实现85.6亿元。

2019年重庆跨境电子商务B2B模式依然占据主导地位，跨境电子商务B2C还有较大的上升空间。为了更加高效便捷地释放市场活力，促进企业效益提升，需要推动外贸产业优进优出、转型升级，通过国际国内两个市场实现重庆跨境电子商务更广阔的发展。

重庆跨境电商综试区的创新方向主要是：

① 调结构，依托中欧班列（重庆）、陆海新通道等开放通道，向"一带一路"沿线国家拓展跨境电子商务业务。

② 建平台，依托口岸物流通道优势，促进开放平台跨境电子商务集聚发展，两路寸滩保税港区、西永综保区、团结村铁路口岸聚集跨境电子商务企业超300家，企业数量、交易总额占比均超全市总量80%。

③ 拓渠道，试点跨境电商线下展示功能，联合市供销总社推进"跨境电商进农村工程"，深入21个区县以及"绿优鲜"社区门店，设置1 100余个"供

销保税跨境电商授权服务站"，拓宽进口商品销售渠道。

④ 强服务，加快智慧口岸建设，推动运邮试验常态化、高效化运营，实现 48 小时口岸提货入区，24 小时入区申报，24 小时上架销售，24 小时订单出区，发货准确率 99.99%、库存差异率 0.02% 的服务标准。

（5）合肥跨境电商综试区

合肥跨境电商综试区在借鉴杭州跨境电商综试区经验做法的基础上，建设"一区三核"的生态体系，整合跨境电子商务各企业资源，搭建一站式服务平台，推进实施"跨境电商＋大数据"服务，打造完整的跨境电子商务产业链和生态圈，并运用跨境电子商务新兴贸易形式，倒逼合肥监管服务部门由传统监管模式逐步探索创新适合自身的监管服务体系，形成开放型经济发展新高地。

合肥充分发挥"航空港、水运港、陆港、电子港"等开放型经济口岸优势，整合合肥综保区、出口加工区、保税物流中心和口岸功能的海关特殊监管区域，推动"四港三区一中心"八大开放平台建设，加快合肥开放型经济发展。

合肥跨境电商综试区提出，自 2016 年起，经过 3～5 年的改革创新试验，基本建立适应全省跨境电子商务发展的管理制度和规则，培育本土跨境电子商务企业做大，建设形成一批具有国际影响力的跨境电子商务产业集聚区和产业示范区，建设打造国内领先的跨境电子商务创业创新高地。以创新为导向，推动企业转型升级发展，依托安徽（蜀山）跨境电子商务产业园、合肥综保区、出口加工区及空港经济示范区等区域，立足跨境电子商务"六体系两平台"总体架构，完善跨境电子商务相关的服务功能，建立健全跨境电子商务完整的产业链，搭建开放程度较高的跨境电子商务生态圈，推动合肥传统产业转型升级，向跨境电子商务便利化、高效化发展。

合肥跨境电商综试区的创新方向主要是：

① 夯实通道，推动产业发展。依托跨境电商综试区政策优势，通过构建大通道、大平台、大通关载体，夯实跨境电子商务发展基础，推进口岸和海关特殊监管区制度建设，实施通关一体化，大力推动单一窗口建设，发展新型业态，实现外贸新旧动能接续转换。

② 推进跨境电商+大数据服务。合肥跨境电商综试区通过布局"1+2+N"大数据发展，依托省级大数据产业基地，串联2个大数据产业发展平台及N个全国行业大数据应用中心，探索研究跨境电商数据存储、清洗、交易、应用等全链条数据综合服务，为跨境电子商务企业提供商品研发设计、营销推广、市场调研分析等综合信息服务，推动相关产业智慧化发展，助推合肥外贸优进优出。

（6）郑州跨境电商综试区

郑州交通基础设施十分完善，区位优势明显。自郑州跨境电商综试区成立以来，跨境电子商务产业发展迅猛，业务量呈爆发式增长，郑州跨境电子商务领域取得了巨大的成果，在全国首创了网购保税进口（海关监管代码：1210）模式，创新全流程解决方案提升了通关时效。"郑州模式"领跑全国，向外界展示了河南对外开放的形象，成为河南经济发展靓丽的名片。

郑州市建成跨境电子商务园区20个，其中省级跨境电子商务示范园区7个，分别为中国中部电子商务港（总部基地）、云时代广场电子商务产业园、郑州华南城跨境电子商务产业园、郑州邮政圃田跨境电子商务产业园、郑州航空港经济综合实验区跨境电子商务示范园、河南易通跨境供应链电子商务产业园和航投物流双向跨境E贸易保税展示交易中心。通过强化线下园区综合服务功能、线上线下有序结合，形成跨境电子商务发展新格局。

郑州跨境电商综试区的创新方向主要有：

① 全国首创网购保税进口1210模式。郑州跨境电子商务试点首创的"保税区内备货+个人纳税+邮快递终端配送"监管服务模式，解决了全球跨境零售（B2C）交易模式遇到的企业清关难、成本高、政府税收流失和消费者

权益无法保障等诸多难题，海关总署单列1210代码（也称为"B2B2C监管模式"），并在全国复制推广。

② 提升通关时效，创新全流程解决方案。跨境电子商务的关键环节是物流，物流的关键环节是关务，作为1210模式的发源地——郑州，它最核心的竞争力是解决了跨境电子商务"卡脖子"的通关环节，进出口通关服务时效全国领先。同时，拓展上下游服务链条，为跨境企业提供交易撮合、物流供应链、金融供应链、展览展示、O2O、教育培训全流程服务方案。

③ 创新驱动产业发展。创新能力是郑州跨境电商综试区保持高速增长的不二法宝：全国首创1210通关监管模式并推广全国；成功创新的"关检三个一""查验双随机""跨境秒通关"成为行业复制的模板。随着跨境电子商务向纵深领域的发展，郑州创新出"一区多功能"、"一店多模式"、"跨境网购+实体新零售"、"综合贸易单一服务窗口"、跨境电子商务进口药品试点等，除继续创新海关监管模式外，更侧重于解决跨境电子商务发展过程中国内财税、外汇管理等领域的深层次问题。

④ 人才培养暨企业孵化平台逐步发展壮大。创新人才培养模式，开展政府、高校、协会、企业合作，推动"大众创业、万众创新"，2018年培育认定5家省级跨境电子商务人才培养暨企业孵化平台，开展310场次培训，培训5.5万人次，孵化企业2500多家。

⑤ 带动外贸转型升级。引导支持企业应用跨境电子商务拓展国际市场，建立海外营销渠道，创立自主品牌，黎明重工、宇通重工、企鹅粮油等制造企业跨境电子商务业务年均增长20%～30%；荣盛耐材、郑州锅炉、国立进出口等企业经营的耐火布料、锅炉、建筑机械等传统产品跨境电子商务销售额年均增长超过50%；小型家具、伊赛尔的对讲机、钟桦电子商务的家用饰品等出口欧美多个国家。

（7）广州跨境电商综试区

广州跨境电商综试区依托传统产业基础，在制度流程、监管方式、贸易服务等方面不断探索创新，在全国率先应用"跨境电商进口统一版信息化管理系统"，在推动广州经济建设方面取得骄人的成果。广州跨境电子商务进出口交易规模连续4年位居全国第一，极大地促进了广州外向型经济的快速发展，广州跨境电商综试区将成为跨境电子商务发展先行区、外贸优化升级的加速器。

广州跨境电商综试区的创新方向主要有：

① 产业规模迈上新台阶。广州跨境电商综试区依托南沙自由贸易试验区、白云机场综合保税区等专门从属于海关的监管区域，分门别类地建设海港型和空港型的跨境电子商务集中监管园区。南沙自由贸易试验区成立于2015年4月21日，规划面积60平方公里，重点发展航运物流、特色金融、国际商贸、高端制造、专业服务等产业。2017年，广州跨境电子商务企业数量约为1 500家，主要有京东、唯品会、亚马逊、苏宁、广交会、出口易、卓志供应链、美悦优品、摩登网等。在此基础上，广州跨境电商综试区利用其便利的交通资源吸引了海外通、威时沛运、广州白云国际物流、恒汇物流、中外运和其他龙头跨境电子商务物流服务平台及企业。

② 监管创新取得新成效。广州跨境电商综试区制定了跨境电子商务通关系统的地方标准，后上升为国家标准；在全国率先接入海关总署跨境电子商务进口统一版；率先建立跨境电子商务商品全流程追溯体系，以智能口岸为突破实现"企业商品备案、入区查验放行、区内质量抽验、信息互联互通"的事前、事中、事后的质量可追溯，通过监管部门的大力合作，研究创新出广州跨境电商综试区建设的26条政策措施，探索出在全国可复制可推广的经验。

③ 营商环境得到有效改善。广州跨境电商综试区通过构建"四平台六体系"，在企业引进培育、人才培养、产业链集聚和管理服务创新等方面，营造了服务跨境电子商务产业发展的良好营商环境，吸引和集聚了一大批跨境电子商务交易、物流、金融等企业，通过广州跨境电子商务进境的商品备案数量超过10万种。

④ 平台建设取得新进展。广州的跨境电子商务线上综合服务平台已经具备跨境直购进口、网购保税进口、一般出口、B2B出口、监管区物流信息管理、商品溯源管理、消费者服务、身份认证、大数据分析等功能，依托"一个窗口、一个标准、一次递交"的理念进行设计，服务监管部门实现信息共享、执法互助、监管互认，同时服务电子商务企业、平台企业、物流企业、外综服企业、园区服务企业、理货企业的业务开展。平台扩大服务范围，覆盖广州全口岸，同时还为佛山、东莞、清远、韶关等周边城市企业提供服务。外地企业的日均业务量超过14万单，全年申报单量约3 800万单。

（8）成都跨境电商综试区

成都加快跨境电子商务产业发展，按照"一府一都三中心"的总体建设思路，发挥跨境电商综试区政策优势，充分利用蓉欧快铁和空港对沿途各国的货运优势加强经济文化交流合作。成都跨境电子商务产业的发展吸引了各类跨境电子商务企业快速集聚成都，推动新模式新业态的健康发展，带动了本地传统制造业、商贸流通业转型升级，打造了西部地区跨境电子商务发展的新高地。

成都跨境电商综试区的创新方向主要有：

① 构建"一府一都三中心"发展格局。发挥跨境电商综试区政策优势，通过制定支持中小微初创企业发展的优惠政策，营造宽松良好的跨境电商创业环境，激发创业热情，吸引各类专业人才集聚，培育西部跨境电商产业的创业天府；推动邮政营业网点与跨境电商展览展示结合，提升服务及消费体验，引导出境消费回流，打造跨境电子商务消费之都；拓展成都跨境电商综试区跨境电子商务运营及仓配功能，探索建立西部产业运营中心；结合跨境电子商务企业需求，进一步优化交易、营销、物流、运营、支付等业务流程，研发设计定制化服务产品，打造企业跨境电子商务应用服务中心；依托空港国际航线和国际铁路大通道物流优势，围绕"丝绸之路经济带"各国，构建"丝绸之路经济带"国际物流中心。

② 创新一城多区、立体发展思路。依托成都海关特殊监管区域布局，结合跨境电子商务产业特征及区域产业资源，通过政府引导，加大招商力度，推动跨境电商网购保税进口、直购进口、一般出口、B2B出口、特殊区域出口、M2C等，实现跨境多模式、多园区、多平台、多业态协同发展，带动本地传统制造业、商贸流通业转型升级，打造有利于跨境电子商务发展的各类新型产业载体。

③ 积极探讨跨境电子商务贸易新规则体系。抢抓"一带一路"倡议和跨境电商综试区发展机遇，充分利用蓉欧快铁及空港对沿途各国的货运优势，主动加强与国际城市在经济贸易、文化交流，科研技术等方面的国际合作，通过建立双边或多边的跨境合作，积极开展产业交流活动，通过跨境电子商务业务，参与制定跨境电子商务贸易标准与规则，推动国际通关便利化、规范化发展。

（9）大连跨境电商综试区

大连跨境电商综试区的建设和发展，带动了大连特色产业和装备制造等传统制造产业的转型升级，补齐了大连市外向型经济发展的短板，推动了大连进出口贸易的创新发展。大连借鉴先进经验，创新推动了"跨境电商+产业"新型模式和便利的跨境电子商务投资服务体系，为吸引和带动跨境电子商务企业的落户发展营造了便利宽松的基础环境。

大连跨境电商综试区的创新方向主要有：

① 创新跨境电商综试区间的联动合作体系。参考借鉴郑州跨境电商综试区发展的先进经验，大连跨境电商综试区通过建立联动合作机制，在两个跨境电商综试区城市间业务资源的匹配对接、企业资源的合作共享、物流通道的整合利用等方面探索合作，联动促发展，实现"1+1>2"的发展局面。探索大连跨境电商综试区与国内开放型经济区域的交流合作，建立联盟合作机制，整合利用各联盟政策、资源优势，促进我国跨境电子商务高水平创新发展。

② 探索建立"跨境电商+产业"新兴模式。结合大连软件服务外包、装备制造、创意文旅等产业基础，通过推动传统产业与跨境电子商务的深度融合，推进服务外包、装备制造、创意文旅等基础产业与跨境电子商务产业的融合发展，打造独具特色的大连跨境电商综试区跨境电子商务新业态新模式，带动提升大连传统软件服务外包产业、装备制造以及特色产品的国际化发展。

③ 整合专业区域资源，打造跨界性园区。依托大连各区资源，整合不同产业园区优势资源，按照差异化、规模化、集约化原则，统一谋划，因地制宜，通过跨境电子商务发展带动本地各类特色贸易的出口，打造一批跨界融合的综合性园区，推动大连创意旅游观光、文化交流与合作、养老与休闲度假、医疗药械等传统服务贸易产业与互联网有机的转型升级。

④ 创新跨境电子商务投资便利化服务体系。大连跨境电商综试区参照国际通行规则，对于外资企业在境内投资的跨境电子商务重大项目，给予宽泛的市场准入政策，准入前参照内资企业项目备案制度办理准入手续，并允许外资企业在境内进行股权投资。继续加大政府在商事制度方面的改革力度，进一步提升跨境电子商务市场便利化水平，优化跨境电子商务市场环境，为跨境电子商务企业规模化发展提供良好环境。

（10）宁波跨境电商综试区

宁波跨境电商综试区依托本地优势，跨境电子商务产业集聚融合发展，传统产业纷纷"涉足"跨境电子商务，企业转型升级已初显成效，初步建立了跨境电子商务良性生态圈，宁波企业依托海外仓，实现产品直销，走出了一条"研、产、销"一体化转型发展之路，逐步完成了从"以进口为主"向"进出口并举、以出口为主"的转变。

宁波跨境电商综试区的创新方向主要有：

① 促进跨境电子商务产业融合发展。宁波跨境电商综试区依托优越的地理区位优势、完善的交通运输体系，吸引聚集了众多跨境电子商务龙头企业，形成了"进出口共举、多区并行"的跨境电子商务发展格局；依托宁波保税

区构建了"一点多"的产业生态体系,开展网购保税进口、直购进口、一般出口等,跨境电子商务进出口快速增长,推动了跨境电子商务与产业集群的融合发展。

② 推动传统企业转型升级。宁波跨境电商综试区依托传统制造产业基础,通过鼓励和引导生产制造、外贸企业、金融支付等企业积极"涉足"跨境电子商务,重点推动制造企业触网;引导本土企业开辟海外交易渠道,布局海外仓。

(11) 青岛跨境电商综试区

青岛以跨境电商综试区发展为契机,充分发挥电子口岸优势,以产贸融合为特色,基于云计算、大数据等技术的应用,以消费者需求为导向,推动企业快速响应市场需求,不断优化产业结构,拓展商品品类,降低企业综合成本,助推青岛跨境电子商务快速发展,夯实数字经济发展基础,将青岛建成东北亚区域性国际贸易中心城市、国内重要的区域性跨境电子商务服务中心。

青岛跨境电商综试区的创新方向主要有:

① 搭建线下综合支撑平台。探索搭建载体支撑平台和项目支撑平台。载体支撑平台采用"一区多园"的模式,通过平台集聚跨境电子商务平台企业、外综服企业、专业人才服务企业,为企业业务的开展提供全链条、一站式的综合服务。通过细化跨境电子商务专业服务功能,搭建创新服务平台、跨境电子商务运输服务平台、"网上丝绸之路"贸易枢纽平台、跨境电子商务公共海外仓平台、跨境电子商务贸易结算大数据等跨境电子商务项目支撑平台,加快青岛跨境电商综试区建设。

② 结合本土特色,创新发展机制。依托青岛产业基础资源,以产贸融合为特色,通过互联网、大数据等技术,推动企业快速响应市场需求,优化产品结构,降低企业成本,助推数字贸易发展。依托跨境电子商务平台及监管部门平台数据,深入挖掘跨境电子商务贸易数据,构建互联网融资发展机

制,实时掌握企业信用及融资需求,突破传统贸易融资中风险管控、信息不对称等问题,解决跨境电子商务中小微企业融资难题。推动本地传统企业转型升级。

(12) 苏州跨境电商综试区

苏州跨境电商综试区参考借鉴杭州"六体系两平台"架构,结合苏州市产业基础现状,突出本土特色,制定了"互联网+外贸"的新型贸易发展思路。通过大力发展跨境电子商务,为苏州传统产业的转型升级提供了重要支撑,构建了新型产业贸易服务链,优化完善了苏州外贸进出口结构,实现了传统产业的"触网"上线和优进优出。

苏州跨境电商综试区的创新方向主要有:

① 创新跨境电子商务通关物流通道。苏州跨境电商综试区借助港口口岸数量优势、特殊监管区和国际邮件集疏分拨沿江六市和"苏满欧""苏满俄""苏新亚"等中亚国际货运,创建面向日韩、辐射中东欧、海陆空一体化的跨境电子商务通关物流体系。

② 优化跨境电子商务 B2B 产业体系。依托苏州现有的高新技术产业、化工产品、交通运输器械、光伏产品、纺织原料与制品、矿产和轻工业产品等领域的产业基础,研究解决跨境电子商务 B2B 转型发展中在通关流程、市场开拓、外汇结算、出口退税等方面遇到的问题,搭建多元便利、降本增效的跨境电子商务全流程,促进传统贸易与跨境电子商务深度融合发展,推动传统外贸转型。

③ 提高"互联网+外贸"品牌竞争力。苏州通过支持本土企业抱团出海,设立海外仓,拓展海外市场,提高国际竞争力;鼓励企业加大自主技术及产品研发投入,推动提升出口产品附加值,实现本土品牌由价值链低端向中高端迈进;深入探索数据信息的处理和运用,建立完善跨境电子商务品牌培育和激励机制,提升产品价值,提高"中国制造"的品牌竞争力。

1.3.3　2018年新增跨境电商综试区的创新方向

（1）北京跨境电商综试区

① 探索跨境电子商务进口药品试点。国内患者对进口医药需求巨大，但国外医药产品通过跨境电子商务渠道进口遇到诸多政策障碍和难题。北京跨境电商综试区探索利用跨境电子商务渠道进口医药产品，体现创新的前瞻性和引领性。

② 探索跨境电商零售进口超限额商品转为一般贸易。市场上已经形成社区电子商务（S2B2C）等销售模式，但受限于跨境电子商务零售进口不准二次销售的规定，这些模式一直游离于监管之外。因此，监管部门应尊重市场发展需求，采取包容的态度给予支持。

③ 北京跨境电商综试区首次提出运用区块链技术提升跨境电子商务物流效率和质量安全保障水平。区块链技术具有分布式和不可篡改性，对提升跨境电子商务运营服务场景有着重要支撑作用，北京作为全国科技中心，对该技术的应用体现了对新技术发展的支持和尊重。

④ 发展"网购保税＋线下自提"模式。北京跨境电商综试区提出网购保税商品凭保出区展示，消费者到线下体验店交易，"保税＋免税"共同发展，可有效满足消费者便捷购买国外商品的需求。

⑤ 实行核定征收跨境电子商务出口企业所得税财税制度。在杭州、郑州跨境电商综试区"出口企业所得税无票采购成本税前扣除"政策创新的基础上，实行核定征收企业所得税，体现了对跨境电子商务中小微企业的支持态度。

⑥ 完善京津联动机制，打造海运货物进出口快捷通道，实现京津协同发展，探索多式联运和一单到底。

（2）呼和浩特跨境电商综试区

① 制定两步走战略。第一阶段是跨境电子商务在呼和浩特全域开展；第

二阶段是在内蒙古自治区范围内具备跨境电子商务发展条件的盟市，复制推广呼和浩特跨境电商综试区的模式和经验，全区推进跨境电子商务发展。

② 建设和林格尔跨境电子商务综合试验核心区。依托和林格尔构建区域跨境电子商务产业集聚区、区域跨境电子商务信息共享中心和区域跨境电子商务结算中心。

③ 在内蒙古的满洲里、二连浩特进口商品免税区打造"免税＋保税＋跨境电子商务"一站式购物平台，推进中蒙俄跨境电子商务产业发展，构建线上线下交易、仓储、物流一体化集中式销售体系。

（3）沈阳跨境电商综试区

① 全面优化营商环境。以市场为主导，由政府引导，充分发挥市场作用，激发企业市场主体活力。同时，加强政府规划政策引导扶持。

② 发挥"沈阳智造"先进装备产业优势，着力在跨境电子商务 B2B 方式的相关技术标准、业务流程、监管模式和信息化建设等方面先行先试。

（4）长春跨境电商综试区

① 继续推进外贸领域"放管服"改革，优化营商环绕，逐步向省内其他区域提供开发开放经验，从而促进全省跨镜电子商务高速发展。

② 引导内外贸企业上线经营。从长春制造到长春创造，再到产品迅速响应市场，打造"互联网＋外贸＋长春制造"的跨境电子商务新模式。

（5）哈尔滨跨境电商综试区

① 先易后难，分步实施。哈尔滨跨境电商综试区的建设首先是打造跨境电子商务服务平台，解决跨境电子商务零售进出口服务体系。

② 空陆结合，提升效率。开辟完善对俄罗斯叶卡捷琳堡电商专线，推进哈尔滨—满洲里—莫斯科公铁联运跨境电子商务陆运通道。

③ 建设对俄数字贸易运营中心。以跨境物流为切入点，重点推进对俄数字贸易综合服务平台建设，打造覆盖制造、贸易和服务等全产业链的中国制造对俄数字贸易运营中心。

（6）南京跨境电商综试区

① 建设进口商品集散中心。开展一体化供应链体系建设试点，推进"海外仓＋国内仓"多仓联动，通过技术创新关联"溯源码＋订单＋面单信息"，实现从源头到用户全程跟踪、一物一码、正品溯源，建立进口商品深度溯源体系。

② 在全国率先创建新型贸易融资平台。运用大数据等技术手段创新企业信用等级评定方法，重点开发针对外贸企业短期流动资金贷款的纯信用融资产品，便利企业开展各类融资业务，提供在线审批的贸易融资产品和服务。

③ 探索"一次申报、分类验放"集成通关模式，促进跨境电子商务、一般贸易、邮快件业务协同发展。提出多种类型货物在一个场所内进行监管，大大降低政府监管成本和企业运营成本，为监管部门监管执法提供便利，可有效提高监管时效性。

④ 推进贸易展会升级。加强与在线"广交会""华交会""香港贸发网"等重点展会平台合作，打造"展中展""线上展"等综合展览展示平台，积极建设中国国际进口博览会"6+365"南京进口商品展销中心，扩大优质商品进口，促进消费升级。

（7）南昌跨境电商综试区

① 试点跨境电子商务进口平台企业至中小型进口商品网络零售企业再至消费者（B2B2C）的供应链业务模式。

② 试点进口平台企业至进口商品实体零售企业再至消费者（B2R2C）的供应链业务模式。

③ 积极探索试点境内制造企业至其境外分支机构再至境外消费者（M2B2C）的业务模式。

④ 探索境内外贸企业至其境外分支机构再至境外消费者（B2B2C）的业务模式。

⑤ 支持外贸综合服务企业探索试点外贸综合服务平台出口新模式。

⑥ 通过与全球跨境电子商务主流平台共建线上特色产业带等方式，支持纺织服装等本地特色产业集群"抱团出海"。

⑦ 以江西国际贸易"单一窗口"为基础平台，按照"1+M+N"总体架构，搭建以南昌跨境电商综试区跨境电子商务综合服务平台为主，以 M 个市县跨境电子商务线上综合服务分平台为核心节点，以 N 个跨境电子商务线上综合服务平台前置服务窗口为互联节点的线上综合服务体系。

⑧ 建设跨境电子商务保税进口仓，推动南昌跨境电商综试区跨境电子商务保税进口仓总体建设规模走在中部地区前列。

⑨ 在南昌跨境电商综试区线上综合服务平台实现信息流、资金流、物流数据"三流合一"的基础上，海关特殊监管区内企业可办理货物流与资金流不一致的外汇收支业务。

⑩ 推动跨境电子商务国际对话交流，加强信息互换、标准互通、流程互联、执法互助，试点"出口地一次申报、一次查验、一次放行，进口地核单放行"，通关全程无纸化，提高通关效率。

（8）武汉跨境电商综试区

① 发挥交通优势，强化物流枢纽作用。武汉跨境电商综试区提出要发挥我国内陆最大的水陆空交通枢纽的优势，整合武汉"铁、水、公、空"物流资源，建设以"公空联运、铁水联运、江海直达"为核心的多式联运中心，打造我国内陆腹地国际物流中心、国际交易展示中心、货物集散分拨中心。

②突出人才优势，打造跨境电子商务人才港。充分发挥武汉"科教重镇"教育资源优势，实施跨境电子商务中高端人才培养计划，创新跨境电子商务人才培养机制，打造全国跨境电子商务人才总部基地，到2021年引进培养跨境电子商务专业人才5万人以上。

（9）长沙跨境电商综试区

①"产业促进"工程。鼓励本土企业创立自主品牌，设立行业展示馆，建设海外仓，拓展海外营销渠道，撮合企业自主品牌利用自建平台与境内外电子商务企业强强联合，加快实现B2B出口全程在线交易，不断扩大可交易商品范围和规模，建立跨境电子商务生态圈。

②"湘商回归"工程。积极引导珠三角地区湘商回湘创新创业，催生湘商总部回归、产业回归、资本回归和人才回归的"集群效应"。

（10）南宁跨境电商综试区

①依托区位优势，打造新通道。建成联通中国、东盟两个市场的跨境电子商务区域性物流集散中心、交易中心、人民币结算中心、综合服务中心、中国—东盟数字贸易港，搭建立足东盟、面向全球的跨境电子商务新通道。

②依托合作优势，建设智慧物流体系。依托与河南保税集团的合作优势，建设陆海新通道多式联运综合服务信息平台、经贸大数据平台，打造陆海新通道智慧物流体系，提升中国—东盟（南宁）跨境电子商务产业园的综合服务能力和技术水平。

（11）海口跨境电综试区

①发展"离岛免税+跨境电子商务"。充分利用建设海南国际旅游消费中心的新机遇，探索创新"离岛免税+跨境电子商务"新模式，形成跨境电子商务与旅游消费相互促进的良好局面，打造国际游客旅游购物中心和跨境商品集散地。

② 发展海口特色的物流模式。借鉴"保税+社区新零售""粤港跨境货栈"等新模式，完善与跨境电子商务相适应的仓储物流、分拨配送、贸易服务、线下体验等全产业链支撑体系，推动海南跨境电子商务创新发展。

（12）贵阳跨境电商综试区

① 建设跨境电子商务大数据中心。争取海关总署将全国跨境电子商务数据分析中心和"一带一路"跨境电子商务数据分析中心落户在贵阳跨境电商综试区。

② 建设跨境物流体系。依托贵阳交通枢纽优势推动铁路综合物流体系建设，探索海铁集装箱多式联运及"跨境+高铁"物流派送模式，打通"北汉贵阳港"等海港口岸，建设面向"一带一路"沿线国家及地区的物流窗口"黔渝新欧"通道上的重要节点，建成西南地区重要的综合铁路货运中心。

（13）昆明跨境电商综试区

① 结合昆明自身资源，大力发展"3+5+2"跨境电子商务产业集聚区。3个核心园区错位发展，进出口并举，以出口为主；5个出口园区优势互补；"永不落幕的南博会"和阿里巴巴进口货源平台2个进口平台相结合，推动昆明成为我国西南片区辐射南亚及东南亚的跨境电子商务中心。

② 建立纠纷解决机制，积极推进跨境电子商务交易纠纷解决平台建设。探索建立一套适应跨境电子商务特点可适用于南亚及东南亚地区的在线仲裁和在线解决纠纷机制。

③ 探索跨境电子商务和文化产业融合发展。依托本土文化遗产、文化多样性、生态文化、文化旅游产业，通过与南亚及东南亚国家合拍、协拍纪录片和电视剧及赴国（境）外举办影视周等方式，推动昆明和海外文化贸易快速发展。

④ 积极发展M2C（厂家对客户）和C2M（客户对厂家）模式。以云南民族民间工艺品产业为突破点，对接南亚及东南亚文化旅游市场。同时，以橡

胶、咖啡等经济作物为基础，构建替代种植发展新平台，充分发挥云南与老挝、缅甸北部的合作，打造云南（昆明）跨境电子商务特色产业链。

（14）西安跨境电商综试区

完善跨境电子商务营销体系。推进跨境电子商务线上线下融合发展，优化服务供给，在西安主要商圈、社区及综合保税区开设跨境电子商务线上线下（O2O）体验店和直营店，为消费者提供跨境商品展销和线下体验、线上下单购物体验。结合智慧社区和农村电子商务工程，促进跨境电子商务应用普及。

（15）兰州跨境电商综试区

① 挖掘打造跨境电子商务特色产品品牌。深度挖掘本地优势机电产品、特色产品、中医药等适合跨境电子商务运营的产品和品牌，加快推进新加坡—甘肃特色产品展销中心、新加坡—甘肃中药材国际分拨中心等线上线下平台建设，培育本土品牌企业，创新国际化营销模式。

② 加强贸易展会合作，加大品牌推广力度。重点开拓"一带一路"沿线市场，通过参加中国进出口商品交易会、东盟博览会、哈萨克斯坦—中国展览会、亚洲国际水果蔬菜展览会等重点展会，扩大品牌影响力。

（16）厦门跨境电商综试区

① 培育集聚跨境电子商务经营主体，重点引进供应链服务企业、物流等区域中心项目，形成规模效应。

② 加强跨境电子商务监管，加快信息共享应用，推动快件清单（运单）、跨境电子商务申报主体实行代理报检或自理报检等制度。

③ 深化区域合作，打造"海丝"经贸合作枢纽，推动厦台海运邮快件通过台湾地区中转的双向物流快捷通道建设，加快厦门关区对台邮快件集散中心建设。

④ 着力打造发展智能物流体系，优化空港国际货站布局及进口理货、物流周转流程，实施邮快件和跨境电子商务货物"落地分流、一次理货"模式，探索"机坪直提、快速分拨"模式，持续推动厦门口岸提效降费工作，压缩通关时间，提高通关效率。

（17）唐山跨境电商综试区

① 充分发挥曹妃甸钻石级国际大港的优势，利用曹妃甸港区、京唐港区开辟国际航线，探索"日韩航线＋跨境电商"模式，进一步提升曹妃甸港、京唐港集疏能力和辐射能力，形成沿海地区与东北亚、北美、澳大利亚发展跨境电子商务的通道优势。

② 以曹妃甸综合保税区、唐山港京唐港区保税物流中心为载体，利用现有良好的产业基础，建立上下游供应链深度融合的 B2B、B2C 跨境电子商务全产业链，探索渠道创新，梳理优质品牌，打造跨境电子商务可持续发展、良性循环的"互联网＋外贸"产业生态圈，走出一条适合唐山发展的新路子。

③ 探索国际邮件、快件包裹流通监管方式。创新邮政物流包裹流通监管，以面单信息、收件信息、包裹查验信息、收发件实名信息为依据，通过跨境电子商务综合服务平台汇总联通，探索形成比对互联执法的邮政物流监管方式。

（18）无锡跨境电商综试区

① 推动重点行业、优质企业上线运营。以具有优势的机械、电子、服装、家纺、新能源等行业为重点，选择一批"专精特新"的产品开展线上销售；通过运用跨境电子商务，促进传统制造企业加快数字化转型、智能化发展，实现跨境电子商务与实体经济融合。

② 建设打造全球跨境电子商务供应链中心。支持大型交易市场或专业市场加强大数据、云计算、物联网等在跨境电子商务产业链的集成运用，促进跨境电子商务企业在研发、生产、销售模式上的创新，建立集研发设计、展示交易、物流配送、网络营销等于一体的跨境电子商务平台，建成全球跨境

电子商务供应链中心。

（19）威海跨境电商综试区

① 推行"四合一"发展模式。依托威海口岸优势、体育休闲用品和日用生活品出口优势、区位优势和对韩日贸易优势，以发展跨境电子商务企业对企业（B2B）、工厂对销售商（M2B）模式为主，以销售商对消费者（B2C）、工厂对消费者（M2C）模式为补充。

② 打造3个中心。一是推进中韩陆海联运、中韩海运邮路等建设，打造中韩跨境电子商务首选运输中心。二是整合线上展销平台、线下展示体验场所、保税监管等资源，打造中韩跨境电子商务商品仓储分拨中心。三是依托威韩购的综合服务功能，打造对韩跨境电子商务的大数据交换整合和研究利用中心。

③ 完善跨境电子商务流程闭环管理体系。以海外仓和国内监管仓为主线，紧密连接国际物流运输和境内外配送公司，建立退货管理机制，将跨境电子商务经营主体与境内外消费者相衔接，实现商品流向和质量的可追溯，形成全链条的闭环管理体系。

（20）珠海跨境电商综试区

① 打造珠港澳跨境电子商务生态圈。积极参与粤港澳大湾区建设，发挥珠海陆路连接港澳的独特优势，构建珠港澳跨境电子商务协同发展新格局。

② 打造中国与葡语系国家及拉美地区国家跨境电子商务合作平台。联合澳门"牵手"葡语系国家及拉美地区国家，以横琴中拉经贸合作园为载体，以承办"中国—拉美企业家高峰会"为契机，探索跨境电子商务区域合作机制。

（21）东莞跨境电商综试区

① 成为粤港澳大湾区跨境电子商务进出口基地。把握粤港澳大湾区建设契机，找准定位和优势，积极推动港澳地区商务、物流、金融、会计、法律

等生产性服务业资源与东莞跨境电子商务供应链有效对接，共同打造粤港澳大湾区跨境电子商务出口基地。

② 突出跨境电子商务与东莞制造业的融合发展。利用跨境电子商务支持、服务制造业更好地适应全球消费市场新格局，推动外贸制造企业剥离跨境电子商务业务板块，推动传统制造业企业应用跨境电子商务开展"互联网＋营销"新模式，夯实跨境电子商务供货端基础，促进制造业转型升级。

（22）义乌跨境电商综试区

① 结合国际贸易综合改革试验区建设，将实行改革备案制，通过先行先试，使义乌跨境电商综试区成为开放度、自由度最高的开放高地之一。

② 设立义乌国际贸易综合改革试验区管委会，为省政府派出机构，全面赋予国际贸易改革领域省级权限。

③ 试验区将完善区域协调发展机制，合理调整试验区建设用地总规模，优化空间布局，保障重大项目建设用地等。

④ 为"多品种、多批次、小批量、拼箱组货、主体多元"的小商品出口量身定制出市场采购贸易方式。

⑤ 推动"创意设计中心＋跨境电商＋制造企业"供应链模式创新，建立"金华好网货"供应体系。

⑥ 以"一带一路"捷克站、迪拜站建设为契机，探索建立集商品展示线上运营、物流配送于一体的义乌海外市场综合体。

1.4 海南自贸区（港）与跨境电子商务

2018年以来，海南省紧紧围绕建设海南自由贸易试验区、中国特色自由贸易港等重大开放政策，聚焦重点外贸企业、海南特色产业等，持续优化跨境电子商务通关环境和营商环境，助力海南外贸提质增效、转型升级。

1.4.1　加快推进海南"双自贸"建设

（1）积极对接粤港澳大湾区建设

海南"双自贸"建设是粤港澳大湾区的触角与前沿，粤港澳大湾区是海南"双自贸"的后盾与纵深。全力做好"3+1"（粤、港、澳+海南）协调与协同，真正实现"1+1>2"（粤港澳大湾区+海南"双自贸"）的积极效果。

（2）制定促进跨境电子商务的配套细则

充分利用海南自贸港的立法权，制定海南促进跨境电子商务的配套细则。

（3）探索建设自贸区海关监管体系

进一步促进贸易投资自由化便利化，打造高水平对外开放平台，全力推动海南自贸港建设。支持在海关特殊监管区域外开展网购保税进口商品保税展示业务。开展跨境电子商务模式创新试点，支持跨境电子商务线上线下交易融合发展。

（4）发展跨境电子商务直购模式（9610）

配合推进海南省跨境电子商务零售出口业务系统平台建设，支持海口综保区开展跨境电子商务零售出口业务。研究支持在海口综保区建设覆盖重点国别、重点市场的"海外仓"。探索在海口综保区建设"专门理货区"，支持跨境电子商务保税备货业务商品入区时先理货后报关。在满足监管证件要求的前提下，开展网购保税商品和其他保税货物的账册互转，实现多种贸易形态货物在特殊监管区域内一站式完成货物状态互转。探索开展"电子商务企业自核+海关验核+信息化系统"新型管理模式，以政策、业务模式创新助力跨境电子商务产业发展。

1.4.2 跨境电子商务发展迅速

2018 年,国家将海口增设为跨境电商综试区,海口综合保税区作为推动跨境电子商务快速发展的着力点,同时享有自贸区和跨境电商综试区的双重政策优势,对海南跨境电子商务整体发展起到重要的带头和示范作用。自贸港的设立,也为海南跨境电子商务发展提供了全新的平台。

海关特殊监管区加速开放,新型贸易业态快速发展。据海关统计,截至 2019 年 3 月,海口综保区内跨境电子商务注册企业达 34 家;一季度海口综保区进出口 13.8 亿元,大幅增长 911.1%,其中,以跨境电子商务方式进口 1 513.7 万元,增长近 15 倍。

1.4.3 外贸结构不断优化

近年来,海南省经济平稳增长,外贸结构不断优化。据海口海关统计,2018 年海南外贸进出口总值 849 亿元,较 2017 年增长 20.8%,比同期全国外贸增速快 11.1 个百分点。外贸稳中向好的趋势不断巩固,发展潜力不断显现。其中,出口 297.7 亿元,较 2017 年增长 0.7%;进口 551.3 亿元,较 2017 年增长 35.4%。

2018 年,与海南有贸易往来的国家及地区有 161 个,东盟、美国、欧盟依然为海南前 3 大贸易伙伴,其中,对东盟进出口总值为 199.3 亿元,东盟是海南外贸最大伙伴,占同期外贸总值的 23.5%;对美国和欧盟分别进出口 197.2 亿元和 137.5 亿元,均实现大幅增长。此外,在巩固原有成熟市场的基础上,大力拓展新兴市场。2018 年海南对"一带一路"沿线国家进出口总值 319.1 亿元,较 2017 年增长 0.6%,占同期海南外贸进出口总值的 37.6%,其中,对印度、埃及和土耳其进出口较 2017 年分别增长 51.7%、190% 和 200%。

据海口海关统计,2019 年第一季度海南省对外贸易进出口总值 249.9 亿元,同比增长 109.2%,增速快于全国总体 105.5 个百分点。东盟蝉联海南第一大出口市场,海口以 108.9 亿元的进出口规模位居各市县之首,显示其内生增长动力正在不断增强。随着海南自贸区(港)建设的稳步推进,今后仍能保持相对较高速度的增长。

2019 年一季度海南对外贸易进出口总值中，出口总值 78.4 亿元，同比增长 78.7%，增速快于全国总体 72 个百分点；进口总值 171.5 亿元，同比增长 126.9%，增速快于全国总体 126.6 个百分点。3 月份海南外贸进出口总值 88.4 亿元，同比增长 100.2%，其中出口总值 38.5 亿元，同比增长 76.4%，进口总值 49.9 亿元，同比增长 123.5%。

2019 年一季度，海南对美国进出口总值 68.5 亿元，同比增长 429%，对东盟进出口总值 58.5 亿元，同比增长 69.5%，对欧盟进出口总值 42.5 亿元，同比增长 169.5%。其中，对东盟出口总值 27.7 亿元，同比增长 133.2%，继续蝉联海南第一大出口市场；美国取代东盟成最大进口来源地，共自美国进口总值 62.5 亿元，同比增长 520.9%。同期，海南对"一带一路"沿线国家进出口总值 77.3 亿元，同比增长 40.1%。

1.4.4　口岸国际快件进境激增

近年来，美兰国际机场口岸国际快件进境业务量激增，截至 2019 年 4 月 30 日，进境快件总数 20.38 万件，同比增长 215.34%，已超 2018 年全年进境快件总数。

1.4.5　离岛免税店销售额快速增长

据海口海关初步统计，2018 年监管离岛免税店销售免税品 97.4 亿元，同比增长 21.5%。在 2019 年"五一"期间，海口海关充分发挥"科技＋制度＋人工"监管优势，提供便捷通关监管服务，有效保障"空、海、铁"离岛方式全覆盖；依托自主开发的海南离岛免税海关监管系统，对离岛免税店实行静态监管以及对免税品进、销、存、运、提、征的全过程动态监管；强化事中事后监管。海关共监管免税品销售 22.17 万件，与去年同期相比增长 158.39%；购物人数 4.32 万人次，与比年同期相比增长 180.52%；销售金额 1.62 亿元，与比年同期相比增长 153.13%。

中国跨境电子商务发展报告
（2018—2019）

第 2 章　中国与东南亚国家跨境电子商务合作概况

2.1　东南亚国家概况与经贸市场

2.1.1　国家概况

东盟即东南亚国家联盟（Association of Southeast Asian Nations），一共有10个成员国，分别是马来西亚、印度尼西亚、泰国、菲律宾、新加坡、文莱、越南、老挝、缅甸和柬埔寨。东南亚是中国周边外交的优先发展方向和"一带一路"涵盖的重要区域之一，东盟则是中国的重要战略合作伙伴与"一带一路"建设的重要参与者。"一带一路"为中国—东盟经贸关系发展注入了"平等协商""互助共建""开放共享"新理念，搭建起"系统化工程""跨国工业园区""优势产业合作""多元化创新""战略对接"新平台，建立了"决策与对接""市场化运行""跨国联通"新机制。在东南亚地区中，与我国贸易往来比较密切的主要有印度尼西亚、马来西亚、新加坡、泰国、越南，占到东南亚与我国贸易往来的80%以上。但印度尼西亚、马来西亚、新加坡、泰国近年来与我国的贸易总额中占比呈下降趋势,仅越南占比呈上升趋势。

2.1.2 经济贸易市场特征

近二十多年来,国际竞争力评价权威机构公布的国际竞争力世界排名数据显示:新加坡一直名列前茅;马来西亚、泰国曾有较好表现;印度尼西亚、菲律宾、越南和柬埔寨一直没有进入国际竞争力的世界评价体系中。发展水平高的四国经济增长速度高于东南亚经济平均水平,马来西亚、泰国、文莱、新加坡是东南亚地区经济发展水平最高的国家。

根据2019年世界贸易组织发布的《全球贸易数据与展望》报告显示,2018年世界商品出口总额约为19.475万亿美元,世界商品进口总额约为19.867万亿美元,贸易总额约为39.342万亿美元(备注:由于统计误差,以及统计时部分货物在公海等因素,导致进口和出口数据并不相等)。其中,2018年新加坡货物对外贸易总额约为7 840亿美元,出口额约为4 130亿美元,进口额约为3 710亿美元,分别占全球出口额和进口额的2.1%和1.9%,位列出口额排名第15位和进口额排名第6位。2018年马来西亚货物对外贸易总额约为4 640亿美元,出口额为2 470亿美元,进口额约为2 170亿美元,分别占全球出口额的1.3%和进口额的1.1%,均位列全球前30位。2018年泰国货物对外贸易总额约为5 020亿美元,出口额约为2 520亿美元,占全球出口额的1.3%,位居全球第24位;而泰国进口额约为2 500亿美元,占全球进口额的1.3%,位列全球第21位。2018年印度尼西亚货物对外贸易总额约为3 690亿美元,出口额约为1 800亿美元,进口额约为1 890亿美元,分别占全球出口额和进口额的0.9%和1%,分别位居全球出口额第30位和全球进口额第29位。

(1)新加坡

新加坡是全球对外贸易额靠前的国家。由于新加坡坐落于马六甲海峡东端,而马六甲海峡则是沟通太平洋和印度洋的要塞,世界上四分之一的贸易额和能源输送从这里经过,这促使新加坡经济迅速崛起,成为全球对外贸大国之一，在世界双边贸易中的影响力较大。2009—2018年，新加坡持续保持贸易顺差，具体来看，新加坡前五大贸易顺差来源地依次是中国香港、印度尼西亚、越南、泰国和澳大利亚，顺差额分别为449.9亿美元、177.4亿美元、85.6亿美元、72.6亿美元和72.3亿美元。贸易逆差主要来自中国台湾、沙特阿拉伯和美国，逆差额分别为144.5亿美元、118.7亿美元和112.4亿美元。从新加坡对全球出口的产品整体情况来看，机电产品、矿产品和化工产品是新加坡的主要出口商品，2018年占新加坡出口总额的45.5%。尽管新加坡石油储量资源相对匮乏，但新加坡是世界第三大炼油中心、世界石油贸易中心之一、亚洲石油产品定价中心，因此，新加坡进口原油进行炼制加工后再出口原油的工业体系非常成熟，促使其成为全球石油出口大国之一。从进口产品来看，机电产品和矿产品是新加坡的前两大类进口商品，2018年进口额分别为1 546.6亿美元和888.3亿美元，占新加坡进口总额的41.7%和24.0%。新加坡通过从周边原油资源丰富但加工炼制技术落后的马来西亚和阿拉伯等国家进口原油，经过加工炼制后向中国等国家出口成品油，由此成为矿产品进出口大国。在机电产品方面，新加坡具有资金优势，在跨国公司国际化经营战略形势下，中国等国家或地区主要从新加坡进口零部件和中间产品，并对新加坡出口加工后的最终产品。因此，新加坡机电产品进口额占比大。

（2）马来西亚

2009—2018年，马来西亚始终保持贸易顺差状态。2018年，贸易顺差299.1亿美元，增长30.1%。具体来看，2018年，马来西亚前五大逆差来源地依次是中国大陆、中国台湾、沙特阿拉伯、法国和印度尼西亚，逆差额分别是89.5亿美元、77.0亿美元、34.9亿美元、25.7亿美元和21.0亿美元；顺差额主要来自中国香港、新加坡和美国，分别为147.6亿美元、89.7亿美元和64.0亿美元。从马来西亚对全球出口产品整体情况看，机电产品、矿产品和塑料、橡胶是马来西亚的主要出口商品，占马来西亚出口总额的43.8%、16.3%和6.8%。在机电产品上，马来西亚在资源禀赋与生产水平上具有一定优势，其与中国机电产品在全球出口上存在竞争关系；在矿产品上，马来西亚锡、石油、天然气储量资源丰富，但其石油炼制和加工技术相对落后，因此其主要出口原油给新加坡、中国等国家。进口方面，机电产品、矿产品和贱金属及制品是马来西亚进口的前三大类商品。马来西亚对外出口的机电产品是以"零部件产品"为主，而其进口的机电产品则以"整体产品"为主。

（3）泰国

据泰国海关统计，在保持了连续3年贸易顺差后，2018年，泰国转为贸易逆差，贸易逆差11.2亿美元。具体来看，首先，美国是泰国最大的贸易顺差来源地，2018年顺差额为125.7亿美元；其次，对中国香港地区的贸易顺差额为94.6亿美元。而贸易逆差主要来自中国和日本，2018年逆差额分别为205亿美元和107.2亿美元。分国别（地区）看，泰国前三大出口贸易伙伴为美国、中国、日本，2018年泰国出口情况恶化，出口额排名前15的国家中，仅有3个国家同比有所增加，其余12个国家均有不同程度的下滑。前三大进口贸易伙伴为中国、日本、美国，进口情况也较为低迷，进口额排名前14的国家中，有9个国家进口额同比均出现了下滑。泰国对全球出口产品整体情况来看，机电产品、运输设备和塑料、橡胶是泰国的主要出口商品，2018年出口额分别为779.4亿美元、328亿美元和300.3亿美元。另外，食品饮料出口额为191.5亿美元，占泰国出口总额的7.7%。泰国在劳动密集型产品，尤其是农产品出口上具有优势。从进口产品来看，机电产品、矿产品和贱金属及制品是泰国主要进口商品，2018年进口额分别为752亿美元、435亿美元和314.3亿美元。由于泰国技术水平相对落后，因此需要从中国和日本进口大量中高端机电产品；此外，尽管泰国国内石油、天然气资源也较为丰富，但是仍需要从阿拉伯、沙特阿拉伯等国家进口更多资源型产品。

（4）缅甸

缅甸商务部数据显示，2017—2018财年，缅甸外贸总量达333.2亿美元，其中出口额为146.75亿美元，进口额为186.45亿美元。缅甸的主要贸易伙伴为亚洲国家和地区，与邻国的贸易占缅甸外贸总额的90%，中国为缅甸第一大贸易伙伴。位居前5位的贸易伙伴依次为中国、泰国、新加坡、日本和印度。缅甸辐射市场主要为东盟国家。缅甸通过15个边境贸易点，主要与中国、泰国、印度和孟加拉国等邻国展开贸易。

(5) 印度尼西亚

2009—2018年，印度尼西亚贸易结构并不稳定，在维持了3年贸易顺差状态后，2018年印度尼西亚再次转入贸易逆差。根据印度尼西亚统计局数据，2018年，印度尼西亚出口1 802.2亿美元，增长7.5%；进口1 879.2亿美元，增长19.7%；贸易逆差为77亿美元。2019年第一季度，印度尼西亚继续维持贸易逆差态势。具体来看，2018年，印度是印度尼西亚最大的贸易顺差来源地，2018年顺差额为87.2亿美元。此外，对美国的贸易顺差额为82.8亿美元。印度尼西亚主要贸易逆差主要来源地有中国、新加坡和泰国。从印度尼西亚对全球出口的产品整体情况来看，矿产品是印度尼西亚最主要出口的产品，2018年占印度尼西亚出口总额的26.4%，这是因为印度尼西亚石油、天然气、锡、煤炭等矿产资源储量丰富，具有显著的资源禀赋优势。动物油脂是印度尼西亚主要出口的第二大类商品，2018年占出口总额的11.35%，这是因为印度尼西亚是世界上生物资源最丰富的国家之一。从进口产品来看，2018年印度尼西亚主要进口商品普遍增长，其中机电产品、矿产品和贱金属及制品三类产品合计占印度尼西亚进口总额的54%。在矿产品方面，尽管印度尼西亚石油资源丰富，但由于其炼制加工技术落后，因此，印度尼西亚往往先将原油出口到新加坡等炼制技术和工艺更为成熟的国家，而后再进口成品油，导致印度尼西亚对石油等矿产品进口需求也相对旺盛。在印度尼西亚市场上，中国的劳动密集型产品占有较大优势，如玩具和家具纺织品及原料、鞋靴伞和箱包等轻工产品。此外，在机电产品上，相较于印度尼西亚，中国也具有相对的技术优势。

2.2 东南亚国家电子商务发展状况

东南亚地区的人口占世界第三，中产阶级也在不断壮大，虽然互联网连接率相对较低，但是正在迅速增长中。因此，整体而言东南亚电子商务还处于起步阶段，为有意于它的卖家提供了很多增长的机会。

在东南亚，尤其是在新加坡、马来西亚、菲律宾、印度尼西亚、泰国、越南这6个国家，日益增长的互联网用户造就了一个有待开发的大市场。虽然新加坡的电子商务市场较为成熟，马来西亚市场也比较有活力，但在印度尼西亚、泰国、菲律宾和越南这4个国家，电子商务发展仍然处于初期阶段。在这些国家中，技术基础设施在快速发展，人民的收入水平也在提高，不断扩大着原有的电子商务市场规模，为现有卖家和新卖家的增长提供了空间（见表2-1）。

表2-1 东南亚地区主要代表国的电子商务发展状况

国家	主要进口商品类型	电商规模	主要电商平台	互联网普及情况	物流成本
印度尼西亚	服装、配饰、箱包、鞋子、个人护理和化妆品。主要支付方式：货到付款	预计在2020年将达到1300亿美元	Lazada（占27%）、Tokopedia（占17%）、Shopee（占15%）、Bukalapak（占12%）	47%的移动互联网渗透率，手机用户占总人口的58.3%	占GDP的25%
越南	时尚类（78%）、电子产品类、美妆类。主要支付方式：货到付款	截至2017年62亿美元	Lazada、Tiki、Shopee、Sendo	移动用户1.197亿用户，移动覆盖率达到全国95%，无线电覆盖面积98%	占GDP的20%
马来西亚	时尚服饰、美妆、玩具类。主要支付方式：信用卡	2018年为13亿美元，预计2022年将超过24亿美元	Shopee、Lazada、Zalora、11Street；本土电商品牌：Lelong、Hermo、FashiionValet等	移动用户达到4233.9万，主要运营商是Celcom、Maxis、DiGi。互联网用户总数高达2508万，渗透率近80%，年增长率14%，其中约86%为移动端用户	占GDP的20%
新加坡	旅游产品、服饰和鞋子、娱乐用品、美容用品、电子设备、书籍。主要支付方式：信用卡，普及率达到38%	预计2025年达到54亿美元	本土电商品牌：Lazada、EZBuy、Zalora、Shopee等	网络用户：471万，渗透率82%。手机用户：844万，平均每人拥有1.47个移动设备。移动社交活跃用户：400万，渗透率70%	占GDP的20%

数据来源：根据公开资料整理而得。

（1）印度尼西亚

印度尼西亚有超过 1.3 亿的互联网用户，随着移动互联网的日益普及，印度尼西亚的消费市场正在蓬勃发展。如今的印度尼西亚号称亚洲最大的"移动优先"大国，为零售商提供了一个独特的机会来主导其线上零售市场，并为海外投资者提供了极大的发展前景。2017 年，印度尼西亚每月有 41% 的消费者在网上购买商品和服务，相比 2016 年的 26% 增长了 15%。同年，印度尼西亚的网购交易额达到 53 亿美元。2018 年印度尼西亚的人口有 2.654 亿人，其中 1.779 亿人拥有互联网手机，互联网用户有 1.327 亿人，社交媒体用户有 1.3 亿人，活跃在移动端的社交媒体用户有 1.2 亿人。印度尼西亚信息和通信技术部预计，随着越来越多的消费者转向在线购物，到 2020 年，印度尼西亚电子商务市场规模将达到 1 300 亿美元，年增长率将达 50%。2016 年，印度尼西亚通过了 No.44/2016 总统令，宣布将电子商务行业从投资负面清单中移出，对外商投资全面开放，外资可拥有 100% 持股比例。

印度尼西亚是亚太地区互联网连接速度最慢的国家之一。在 2017 年网络测速公司 Ookla 发布的全球网络速度测试指数中，印度尼西亚在移动网络速度的排名下降了 4 位，至 106 位，远落后于新加坡（第 4 位）、越南（第 61 位）、马来西亚（第 74 位）、柬埔寨（第 78 位）和菲律宾（第 91 位）。在固定宽带速度方面，印度尼西亚也比许多亚太国家落后，排在了第 93 位。

（2）越南

根据越南电子商务协会（VECOM）数据显示，2017 年，越南电子商务市场增速超过 25%，并将在未来两到三年保持这一增速。该协会表示，到 2020 年，越南电子商务零售收入将突破 100 亿美元，占越南零售总额 5%。尽管如此，越南四大电子商务巨头，即 Lazada、Tiki、Shopee 和 Sendo，却持续亏损，无一盈利。市场分析人士表示，目前，越南电子商务正处于快速发展阶段，为了抢占市场份额、巩固市场地位，电商巨头一般不会计较成本和短期的亏损。据调查，超半数的越南网民是网购用户。越南消费者在网上浏览完商品，随后购买的概率最高，比东南亚平均水平高 30%，是东南亚转化率最高的市场。

(3) 马来西亚

在马来西亚，电子商务的渗透率约占零售总市场的 5%。2016 年，电子商务领域实现了显著增长，贡献了 746 亿令吉❶（合 6.1%）的国内生产总值（GDP），高于 2015 年的 683 亿令吉（合 5.9%）。因此，随着在线创业的理念被越来越多的中小企业接受并应用，该行业正呈指数级增长。

(4) 新加坡

截至 2018 年，新加坡的网络用户达到 471 万人，渗透率约 82%。手机用户为 844 万人，平均每人拥有 1.47 个移动设备。移动社交活跃用户约为 400 万人，渗透率达到 70%。新加坡是一个小而富裕的城市国家，拥有发达完善的数字基础设施，是东南亚互联网普及率最高的地区之一。在电子商务方面，到 2025 年，新加坡的电子商务市场预计将达到 54 亿美元（合 74.6 亿新元）。

2.3 跨境电子商务合作概况

东南亚作为"一带一路"倡议重要的经济区，推进中国与东南亚跨境电子商务合作，有利于优化双边投资与行业结构，实现互利共赢。近年来随着中国企业走出去步伐的加快，中国政府积极开展跨境电子商务双边和多边外交活动，为企业的跨境电子商务项目合作搭建政府间的战略合作框架。

2.3.1 中国与东南亚跨境电子商务合作现状简介

(1) 跨境电子商务基础设施逐步完善

就阿里巴巴集团而言，2018 年 2 月，阿里巴巴在新加坡、菲律宾、泰国、

---

❶ 1 令吉约合 1.7074 人民币。

越南等国家通过整合用户端、支付端与物流端，构建了庞大的跨境电子商务生态系统，为中国与东南亚跨境电子商务合作奠定良好的基础。且早在 2017 年 3 月，阿里巴巴就在马来西亚吉隆坡兴建了第一个海外物流中心，在东南亚地区实现集中化仓储与配送。根据新浪新闻数据显示，Lazada 电子商务平台在东南亚地区布局建设了 130 个配送站、15 个仓配中心与分拣中心，完成了中国与东南亚跨境电子商务网络的无缝对接。据慧聪网站数据显示，截止到 2018 年 4 月 25 日，京东印度尼西亚站通过布局东南亚跨境电子商务网点，形成了跨境电子商务交易网，并设立了 7 个仓库，共覆盖 7 大岛屿、6 500 个区县与 483 个城市，逐步满足日益增长的消费需求。同时，京东国际物流已经开通了中国到曼谷、印度尼西亚的直飞航线，中国到泰国曼谷、林查班，以及印度尼西亚的雅加达与泗水等地，每周开设 2 个航班，进一步完善了中国与东南亚跨境电子商务合作的基础设施，提升了双边跨境电子商务合作效率。

(2) 跨境电子商务合作方式日渐多元化

随着中国与东南亚国家跨境电子商务的发展，双边跨境电子商务合作模式也逐渐向合作、投资与收购等多元方向发展。例如，在合作方面，云南跨境运输和泰国运输与物流协会、老挝物流集团以及国际物流协会共同签署了《合作框架协议》，旨在积极推进"互联网+"，共同打造互联网、云技术等信息化背景下的跨境电子商务智慧物流体系。同时，2017 年 3 月阿里巴巴集团与马来西亚机场控股公司签订了合作协议，计划在吉隆坡打造首个服务于 eWTP 国际物流枢纽 e-Hub，帮助商家实现跨境电子商务供应链全面升级。在战略投资方面，京东集团 2017 年投资印度尼西亚一家旅游票务平台 Traveloka；腾讯集团投资了印度尼西亚一家初创公司 Go-Jek；阿里巴巴集团投资了印度尼西亚电子商务平台 Tokopedia，进一步加强中国与东南亚国家跨境电子商务的合作进程。在企业收购方面，中国电商蚂蚁金服在 2017 年 4 月斥资 10 亿美元，收购了东南亚电商 Lazada 旗下支付平台 HelloPay，根据市场所在地区不同，将其分别更名为支付宝印度尼西亚、支付宝新加坡等。且根据亿邦动力网统计数据可知，2016 年至今，阿里巴巴前后共斥资 20 亿美元，收购了 Lazada 83% 的股权。

(3) 跨境电子商务物流逐渐趋于智能化

近年来，中国与东南亚各国的跨境电子商务企业不断升级物流配送体系，促使双边跨境电子商务物流逐步向智能化方向发展。例如，2018 年华润万家斥巨资联袂今天国际，在配送中心配备了智慧物流、智能制造系统，广泛运用智能 AGV 机器人，进行智能到货分拣和配送。此举实现了配送中心工作智能化、自动化与信息化，促进了电子商务物流提质增效。再如，京东物流在双方跨境电子商务合作过程中，自建了跨境电子商务物流体系。在跨境商品仓储、装卸、运输、分拣以及终端配送等环节，通过应用分拣机器人、无人机、智能物流运输装备系统等智能设备，实现了跨境电子商务"智慧物流"。2017 年，韵达快递依托云计算、互联网、大数据等智能化信息技术，陆续拓展了泰国、新加坡等东南亚国家的快递物流网络，使中国与东南亚国家跨境电子商务合作趋于智能化。同时，根据经济观察报数据显示，2017 年，菜鸟联合马来西亚邮政与 Lazada 设立了智能机器人仓库，在 1 000 米的范围内，节省了 40% 的空间与 60% 的人工，工作效率提升了 3 倍。菜鸟还对 Lazada 进行技术赋能，将菜鸟智能仓储体系引入 Lazada 自身系统，与 100 多家物流企业联合，着力打造东南亚智慧物流生态体系，极大地提升了中国与东南亚跨境电子商务合作效率。

(4) 跨境电子商务合作发展空间巨大

在"一带一路"倡议下，中国与东南亚跨境电子商务合作政策利好，发展空间巨大。2017 年"双十一"期间，中泰两国签署了《泰国蓝皮书：泰国研究报告（2017）》。协议指出，中泰双方凭借优越的地理位置与投资环境，逐步加深跨境电子商务合作。中国商务部与越南工贸部签署《中华人民共和国商务部和越南社会主义共和国工贸部关于成立电子商务合作工作组的谅解备忘录》，与柬埔寨商业部签署《中国商务部和柬埔寨商业部关于电子商务合作的谅解备忘录》，指出通过政策沟通、能力建设与企业合作等方式，进一步加强双边跨境电子商务合作。与此同时，中国与东南亚跨境电子商务规模逐步扩大，促使双边跨境电子商务合作空间逐步扩大。

2.3.2 中国与东南亚跨境电子商务合作面临困难

（1）跨境电子商务支付方式不匹配

跨境电子支付是中国与东南亚跨境电子商务合作的关键环节，但目前中国与东南亚地区现有跨境支付方式不相匹配，为双方跨境电子商务企业支付、结算带来诸多问题，不利于双方跨境电子商务的进一步合作。当前，中国跨境电子商务支付方式主要采用第三方移动电子支付方式，包括支付宝、微信、信用卡等。根据搜狐网数据显示，2017 年中国境内 11 个省份移动支付占比超 90%，而东南亚地区跨境电子商务消费者在支付过程中更倾向于 COD 货到付款，个人银行账号普及率较低。中国与东南亚跨境电子商务支付方式不匹配，跨境电子商务支付无法实现无缝对接，在一定程度上阻碍了中国与东南亚跨境电子商务的合作进程。

（2）跨境电子商务物流时耗较长，成本较高

在中国与东南亚跨境电子商务合作中，物流问题一直以来是跨境电子商务企业发展面临的痛点，跨境电子商务物流企业不仅面临物流慢的难题，还承受成本不断上升的压力。例如，2018 年 5 月，菲律宾跨境电子商务消费的境内配送商品需要 7 天以上才能送达，极大降低了跨境电子商务网购体验。与此同时，跨境电子商务企业的成本也在不断增加。据中国纸网数据显示，从 2017 年下半年开始，造纸业的原材料价格突然走高，纸浆价格一路上涨，造纸企业回收废旧黄板纸价格从原来 1 220 元 / 吨上涨到高于 1 400 元 / 吨，增幅达到 15%，且超过 30 家造纸企业上调了纸板、原纸、废纸等原材料收购价格，其涨幅从 20 元到 200 元价格不等，导致纸箱制造成本涨幅高达 80%，商品包装成本也从原来占物流成本 10% 上涨到 15%，使跨境电子商务企业利润空间逐步压缩。

（3）跨境电子商务缺乏先进技术支撑

虽然中国与东南亚跨境电子商务逐渐转向智能化发展，但是东南亚多数跨境电子商务企业还缺乏技术支撑，导致中国与东南亚跨境电子商务合作水

平一直停滞不前。根据白鲸出海网数据显示，菲律宾由于缺乏先进的互联网技术支撑，导致本国网络渗透率仅维持在46%，其网络运行速度在亚太地区排名倒数第二，不利于中国与该地区跨境电子商务的发展。缅甸对外开放时间晚（2011年），未经历互联网PC时代，高新技术支撑力度极其薄弱，网络渗透率不足20%，仅依靠"移动设备"进行相关运营，在阻碍了本国跨境电子商务发展的同时，也限制了中国与缅甸跨境电子商务合作项目在本土的顺利开展。根据新华网报道，阿里巴巴在包括东南亚国家在内的全球14个国家与地区建立了数十个飞天数据中心，为东南亚地区跨境电子商务技术提供支持。但由于东南亚地区缺乏先进的技术，导致RFID技术、激光技术、非接触式供电技术以及红外探测技术无法在东南亚各国投入使用，阻滞了中国与东南亚各国的跨境电子商务合作进程。

2.3.3 中国与东南亚跨境电子商务合作提升途径

（1）应实施多元搭配支付方案，提升跨境电子商务支付效率

可以借鉴欧美等国实施Pay Pal与合作国搭配的支付方式，俄罗斯实施Yandex Dengi、Web Money、Qiwi Wallet与合约国相匹配的支付方式，能够极大地提升了跨境电子商务支付效率。我国跨境电子商务企业应实施多元搭配支付方案，用以提升跨境电子商务支付效率。就货到付款支付而言，在跨境电子商务交易过程中，除了支持本币结算方式之外，还可推出信用卡支付、网络银行支付、预付卡支付方式，将各种支付方式进行搭配使用，为消费者提供多元化的支付方式，提升跨境电子商务支付效率。就第三方支付而言，东南亚地区应引入中国的微信与支付宝支付方式，配合东南亚各国第三方支付方式如GoPay等，根据不同国家消费者支付情况，将各种第三方支付方式进行搭配组合，为跨境电子商务提供新型的电子钱包支付工具，加快中国与东南亚跨境电子商务合作第三方支付速度，进一步健全双边跨境电子商务支付体系。

（2）应建立自营物流体系，缩短跨境电子商务物流周转时间

在建立立体物流体系之前，跨境电子商务企业应通过分析海、陆、空三

方面运输方式,选择适宜的跨境电子商务物流园区,并与之形成联盟,形成跨境电子商务物流枢纽。在建立立体物流体系过程中,跨境电子商务企业应基于合适区位,综合考量经营成本,设立集跨境电子商务商品配送、仓储与分拣于一体的跨境电子商务仓储中心。商品经由该仓储中心发出后,转交于跨境电子商务物流园区,然后结合实际情况,合理选择海、陆、空运输方式,实时配送跨境电子商务商品,极大地缩短跨境电子商务物流周转时间,提升跨境电子商务物流配送效率。例如,2018年1月21日,中国天津依托海、陆、空资源,建立了立体物流体系,产生极大的集聚效应,促使日均处理快件量高达38万件,极大地缩短了跨境电子商务物流周转时间。

(3)应依托海运航线,建立海外仓,缓解跨境电子商务成本压力

东南亚地区90%属于临海国家。因此,中国与东南亚跨境电子商务物流企业应依托海运航线,建立海外仓,用以缓解跨境电子商务成本压力。当前,中国与东南亚等地已经初步建立了大件物流海运线路,跨境电子商务企业应基于海运航线,通过分析航线周围的地理位置与环境,在合适的地区建立海外仓。通过海运航线与海外仓之间的无缝对接,实现跨境电子商务商品运输与周转流程的有效衔接,切实降低企业出海物流成本。在海运航线与海外仓基础上,跨境电子商务企业针对大件商品,可直接选择该运输与周转方式,通过该物流枢纽直接进行商品配送,降低了跨境电子商务商品运输与周转费用,进一步缓解跨境电子商务企业成本压力。例如,2018年4月18日,菜鸟继马来西亚、新加坡与中国台湾之后,开通了澳大利亚大件物流海运航线,节省了近1/3跨境电子商务物流成本,提升跨境电子商务合作效率。

(4)应用区块链等新兴技术,为双边跨境电子商务合作提供强有力的技术支撑

在跨境电子商务产品贸易方面,跨境电子商务企业应通过布局区块链,创新实现跨境电子商务产品供应链整合,利用数学方法加快跨境产品流通速率,为地区跨境电子商务提供一定的技术支撑。在产品溯源方面,跨境电子

商务企业可利用区块链中的不可篡改技术，通过建立政府、检测机构、物流与品牌商之间的信息溯源屏障，为跨境电子商务渠道商、零售商、品牌商与消费者提供技术支持，保障跨境电子商务产品信息全程可追溯化与透明化。跨境电子商务企业还可通过区块链的创新优势，打造跨境电子商务生态链与产业链，进一步促进中国与东南亚线上线下网络零售的深度融合。例如灵猫跨境电商携手泰国德邦物流、中盈国富集团，共同成立了跨境电子商务区块链多产业联盟，为跨境电子商务提供强有力的技术支撑，极大加快企业发展速度。

第 3 章　中国与东北亚国家和俄罗斯跨境电子商务合作概况

3.1　东北亚国家和俄罗斯概况与经贸市场

3.1.1　国家概况

（1）日本

日本是一个高度发达的资本主义国家，其资源匮乏并极端依赖进口，高度发达的制造业是其国民经济的主要支柱。科研、制造业、教育十分发达，该比例位居发达国家榜首。此外，以动漫、游戏产业为首的文化产业和发达的旅游业也是其重要象征。日本经济高度发达，国民拥有很高的生活水平，人均国内生产总值 39 731 美元，居世界第 17 位。若以购买力平价计算，国内生产总值位居世界第 3 位（次于美国和中国），人均国内生产总值是世界第 23 位。2004 年底，日本在海外的纯资产达 1.8 万亿美元。日本的服务业，特别是银行业、金融业、航运业、保险业以及商业服务业占 GDP 最大比重，而且处于世界领导地位，首都东京不仅是全国第一大城市和经济中心，更是世界数一数二的金融、航运和服务中心。自第二次世界大战以后，日本的制造业得到迅速发展，尤其电子产业和汽车制造业。

（2）韩国

韩国经济是市场经济模式，20 国集团成员之一的世界主要经济体，是拥有完善市场经济制度的经合组织发达国家。韩国是亚洲四小龙之一，也是未来 11 国中唯一一个发达国家，是世界上经济发展速度最快的国家之一。韩国创造的经济繁荣被称为"汉江奇迹"。1963 年韩国人均 GNP 只有 100 美元，到 2005 年就超过 16 000 美元。2005 年以前韩国的资讯科技产业多年来一直执业界之牛耳，除高速互联网服务闻名世界外，内存、液晶显示器及等离子显示屏等平面显示装置和移动电话都在世界市场中具领导地位。

韩国农业资源禀赋非常稀缺，现有耕地面积 1 835.6 千公顷（18.4% 是农耕地），是世界人均耕地面积最少的国家之一。韩国农产品因此较多依赖国外进口。除了大米和薯类能基本自给外，其他粮食 85% 需要进口。另外韩国 60% 以上的牛肉、鱼贝类、20% 水果、禽肉和奶都需要从国外进口，只有砂糖和蛋可以完全自给。韩国农业以小规模家庭经营为主，随着韩国经济的飞速发展，农业在韩国 GDP 的比重不断快速下降。1970 年农业在 GDP 的比重为 20.7%，而到 2004 年这一比例就已经下降到 4.0%。韩国城市化发展速度很快，农业劳动力流失和老龄化问题严重。1970 至 2000 年间，韩国农业就业人口比例由 50% 降到了 8.5%。韩国农民的收入水平较高，2005 年就达到人均年收入 1.35 万美元。城乡收入差距小，农民与城市居民收入的比例是 0.84∶1。韩国政府对农业一直采取保护扶植政策，农业补贴占韩国 GDP 的 4.7%，居世界前列。韩国在农产品贸易上实行许可制和高关税制以保护本国农业发展。韩国的农产品价格比国际农产品价格平均高 2.85 倍。不过在全球贸易自由化的进程中，韩国也不得不逐步开放农业市场。这使得相应的国内生产大幅度地减少。

(3) 蒙古

从过去几十年发展来看,蒙古经济严重依赖矿产资源出口和对华贸易。2015 年以来,在全球经济增长乏力和新兴市场需求疲软的大背景下,大宗商品市场供需失衡、美元持续走强以及资源性厂商生产份额博弈等因素导致国际大宗商品市场价格出现全线下跌。其中,铁矿石、有色金属等能源类生产资料降幅最大,布伦特原油价格已跌至近 10 年来最低位。由于目前能源类大宗商品整体上还处于供大于求格局,且新兴经济体仍需求较弱。2013 年以来,蒙古图格里克对美元出现大幅贬值,导致蒙古通胀率由 2013 年 1 月的 1.7% 大幅上升至 2014 年 12 月的 11%。虽然蒙古经济增速出现了明显下滑的趋势,但以矿产大企业为主导的产业结构发挥了就业市场"稳定锚"的作用,使得蒙古近些年并未出现 2010 年以前超 10% 失业率的局面。2015 年以来蒙古对外贸易呈现疲弱态势,市场预计,在外需改善不确定和内需增长疲弱的背景下,蒙古未来贸易顺差将进一步走高。

(4) 俄罗斯

俄罗斯地跨亚欧两大洲,是中国重要的地缘政治大国,两者同时也是战略协作的伙伴国。而近年来这种关系更是发展到了历史的最高水平,以 2017 年 1~5 月为例,中俄双边贸易额就达到 2 231 亿元人民币,约 328 亿美元,同比增长 33.7%。俄罗斯人口高达 1.47 亿人,其中 60.8% 是青年,且女性多于男性,并且俄罗斯的社会福利较好,刚性支出较少,有充足的资金用于消费购物。此外,俄罗斯的线上购物习惯已经养成,各联邦区的线上消费人群占比 64% 以上,庞大的年轻消费群体必然带来巨大的购买力。

3.1.2 经济贸易市场特征

在东北亚地区,各国的经济发展水平梯度较为明显,日本属于现代工业化国家;韩国是第三世界中经济最为强大的新兴工业化国家;俄罗斯也是工业强国,而蒙古经济发展较为缓慢。以 2016 年为例,中国与东北亚五国贸易额合计约 6 059 亿美元,占中国对外贸易总额的 17% 左右,其中中日贸易额为2 748亿美元，中韩贸易额为2 526亿美元，中蒙贸易额为46亿美元，东北亚区域经济合作的主体是中日韩之间的经济合作与发展，中国分别是韩国、日本的第一、第二大贸易伙伴，日本是韩国的第二大贸易伙伴，韩国是日本的第四大贸易伙伴，中日韩三国的贸易总量约占世界贸易总量的20%，占全亚洲贸易总量的70%，占东亚的90%。

（1）日本

日本工业高度发达，工业结构向技术密集型和节能节材方向发展。主要部门有电子、家用电器、汽车、精密机械、造船、钢铁、化工和医药等，工业产品在国际市场上具有很强的竞争力。主要工业区大都集中在太平洋沿岸。在对外贸易方面，主要进口商品有：原油、天然气等一次能源及食品、原材料等；主要出口商品有：汽车、电器、一般机械、化学制品等。主要贸易对象是中国大陆、美国、东盟、韩国、中国台湾、中国香港、德国等。日本对华出口减少，是造成贸易逆差的主要原因之一。

（2）蒙古

蒙古外贸结构较为单一，矿产品占蒙古总出口比重超过7成。蒙古出口的主要商品是矿产品、纺织品、生皮、熟皮、畜毛及其制品、珍珠、宝石、贵金属、文化用品等。蒙古国内制造业发展仍处于起步阶段，除畜牧产品外，其他各类生活和生产材料均依赖进口。蒙古进口的主要商品是机电商品及零配件、能源产品、公路、航空及水路运输工具及其零件、纺织品、化学及化工产品、植物产品及食品、钢材及其制品等。

（3）韩国

以2017年为例，韩国进出口贸易总额10 522亿美元，时隔三年重破1万亿美元大关，比上年增长16.7%。其中，韩国出口5 737亿美元，同比增长15.8%；进口4 785亿美元，同比增长17.8%。主要出口商品均为资本或技术密集型产品，如半导体、显示器、石化产品、车辆等，主要进口商品主要为油气等能源和燃料、矿石、半导体、电子零部件、机械等。

(4) 俄罗斯

2017 年，俄罗斯外贸总额为 5 876 亿美元，较 2016 年增长 24.7%，顺差 1 306 亿美元；其中，出口总额 3 591 亿美元，同比增长 24.8%；进口总额 2 285 亿美元，同比增长 24.5%。2016 年，俄罗斯继续保持全球最大石油和天然气出口国地位，俄罗斯石油和天然气出口分别占全球石油和天然气出口总量的 13.2% 和 18.9%。2017 年，俄罗斯出口商品结构未有明显改善，矿产资源类产品出口额为 1 784 亿美元，占俄罗斯出口总额的 50%；而 2017 年机电产品为俄罗斯主要进口商品，进口额为 932 亿美元，占俄罗斯进口总额的 40.8%。

3.2 东北亚国家和俄罗斯电子商务发展状况

(1) 韩国

韩国人口超过 5 000 万人，经济基础和网络基础较好，99.2% 的家庭通过电脑、移动设备或其他设备上网。有数据分析，韩国人的网购比例高达 72%，而且有 1500 万人是"海淘族"，而"海淘族"又对中国产品情有独钟，所以中国产品成为韩国"海淘族"购物量第二多的商品来源。据韩国关税厅（Korea Customs Service）的数据显示，以 2017 年为例，韩国人网购的中国商品总数达 410 万件，价值 2.725 亿美元，分别比 2015 年增长了 226% 和 160%。其中，中国的电子产品是最受欢迎的，订单占比 22%。相关调查显示，韩国国内电子商务市场中最受欢迎的产品是：旅游和预订服务（16.5%）、家用电器和电子产品（11.4%）、服装（10.0%）、家居和汽车配件（9.8%）、化妆品（8.0%）和计算机（5.7%）。而韩国最喜欢从外国网站购买的产品包括：膳食补充剂（16%）、化妆品（14%）、食品（13%）、服装（12%）、鞋类（8%）和电子产品（7%）。

对于中国商品，韩国消费者购买最多的产品是服饰和鞋帽类，占比 33%；

其次是家电和电子产品，占比 28%；而日用品和文具占比 12%；儿童母婴类产品占比 7%。对购买的中国产品进行汇总，韩国消费者购买涨幅最大的潜力品类是小家电类，较去年同比上涨了 120%，据韩国海关统计数据显示，2018 年上半年，韩国人海淘中国产家电的次数达 88.2 万笔，已超过 2017 年全年海淘次数（88 万笔）。除此之外，电子类上涨了 85%，玩具类上涨了 53%，保健品和服装的增幅分别达 34% 和 60%，食品类上涨了 37%。近年来，韩国电子商务市场一直在持续增长，而且对购买中国产品的热情也在不断上涨。从 2018 年初开始，韩国人通过中国电子商务平台购买产品的总价值已达 1.2 亿美元，同比上涨 96.4%。

除了电子商务市场持续增长之外，韩国人的购买渠道也在变化，韩国的移动数字经济正在将互联网购物中心从电脑端转移到移动应用程序上，根据电子商务行业和韩国统计局的数据显示，2018 年 6 月，韩国移动购物占网上购物交易的 62.1%。

（2）日本

日本是世界第三大电子商务市场，也是全球增长最快的电子商务市场之一，过去几年增长率趋于稳定。随着互联网业务的深化和发展，日本将迎来一个重要的市场机遇。根据电子商务基金会日本报告：以 2016 年为例，其国内生产总值为 412.3 亿美元，其中电子商务占 2.8%，同时超过 7 690 万人（70%）在线购物。日本发达的经济、高度集中的城市人口和单一的语言使市场对在线零售商具有吸引力，高度发达的分销基础设施和地域较小的国家规模使交付变得简单方便。2016 年，日本在线购物总价值达 900 亿美元，较 2015 年增长率约为 18%。在日本人口中，大约有 7.7 亿网络买家。截至 2015 年，半数以上网络买家通过移动互联的方式进行在线购物，同时移动购物人数还在快速增长。

日本网络普及率高达 91%，拥有 1.01 亿互联网用户。报告显示，该国使用互联网的人口构成中，使用率最高的群体为高于 55 岁的老年用户，其上网人数约占上网人口总数的 19.3%，且大部分互联网用户都是男性。最近的统计数据显示，日本最受欢迎的社交网络是 LINE，其次是 Facebook 和 Twitter。日本的零售电子商务销售额在 2016 年达到 895.5 亿美元，成为全球最强大的在线商务市场之一。目前的行业数据是日本的数字购买者普及率达到 69%。超过一半的日本网上购物者访问比较购物网站，其他流行的网上零售类别包括书籍、电脑硬件和服装。本地在线零售商"乐天"是访问量位居第二位的在线购物网站，排名略低于美国竞争对手"亚马逊"。从几十年电子商务发展特征来看，日本消费者与欧洲和美国的消费者的消费习惯非常相似。品牌名、质量和产品特征已经成为网络消费者做出购买决策的主要决定因素。随着日本经济发展状况日趋缓慢，价格也已成为日本消费者日益重要的考虑因素。客户服务方面（例如技术阐释和恪守交货时间）是销售中的重要元素。

日本消费者网上购物地点更倾向在家里，这种行为不仅改变他们购买的商品类型，而且改变他们的购买方式和思维。由于长期习惯于在家附近购物，日本的普通员工现在更愿意出差。同时，他们也正在摒弃综合性的百货公司，而宁愿花时间在商场和独立专卖店。除此之外，年轻消费者更倾向于享受高科技产品及其服务带来的满足感，喜欢驻足于满足他们购物需求以外的休闲场所，如饮食和娱乐场所等。

（3）蒙古

根据 2015 年 10 月的一份公开资料，蒙古全国人口约 300 万人，网民约占总人口的 70%（210 万人）。15～39 岁的青年人占蒙古总人口一半以上，这些人对时尚、新奇的东西都很感兴趣，也是网购主要群体。目前，B2C、C2C 都是蒙古比较普遍的电子商务方式，但跨境电子商务还在初期阶段。人们会从国外网站了解讯息，并尝试境外网购。

蒙古购物网站 UBMALL 曾对外表示，其日均访问量约 5～6 万人，在蒙古网站中可排进前十。服装、化妆品、书、软件、礼品是蒙古人网购的重点商品品类，性价比是人们网购时考虑的重要因素之一。

在电子商务基础设施方面，蒙古于 1995 年接入互联网，目前国内无线网络和手机 3G、4G 网络比较普及，首都乌兰巴托的餐馆、宾馆、企业等公共区域大都铺设了免费 wifi。而蒙古国内物流配送体系比较完善，其自 2011 年起实行户户通邮政计划，市内递送服务开始发展，能够基本满足网购配送需求。

（4）俄罗斯

随着中俄两国跨境电子商务的发展以及速卖通平台的强势加入，俄罗斯市场也成为中国跨境电子商务卖家的"蓝海市场"。据俄罗斯电子商务企业协会主席阿列克谢·费奥多罗夫公开披露的数据显示，以 2017 年上半年为例，俄罗斯电子商务市场营业额达 4 980 亿卢布（约合 85.6 亿美金），与 2016 年同期相比增长 22%。在这其中，跨境电子商务只占了 22%，其中，中国卖家占了 52%。也就是说，中国的一些产品还没有真正吸引俄罗斯消费者。相对于俄罗斯本土的卖家，中国卖家的产品和运营能力都有很大优势，在俄罗斯网购商品中，排在第一位的是鞋服，占 32%；电子产品、电脑、手机占 23%；家电用品占 17%，这些都是中国制造的强项，因此，中国产品在俄罗斯仍拥有很大潜力和机会。

在中俄跨境电子商务高速发展的同时，物流逐渐成为其发展过程中最大的瓶颈。主要原因如下：

① 俄罗斯海关人员配备不足、通关设施陈旧以及受政策方面的影响，导致中国包裹进入俄罗斯境内通关时间长，大部分货物通关时间在 20～60 天，使得大量货物积压在海关。

② 俄罗斯国土面积 1 709.82 万平方千米，国土横跨亚欧两个大陆，11 个时区，人口密度低，地广人稀使得大部分地区基础设施建设、物流网络分布以及邮政分检系统、包裹投递等方面严重滞后，尤其是应对能力和经验不足，经常导致包裹大批量积压。

③ 俄罗斯处于高纬度地区，冬季严寒、暴风暴雪天气高发，且时间较长，恶劣天气也会引起投递延误。

④ 俄罗斯大部分的转运站都是以军事为目的建造的，多在比较偏远的地区，而这些地方与人口密集区、商业区距离比较远，配送时间与难度都有所增长。例如一个包裹从中国广东发往俄罗斯喀山，一般中国境内运输只需要 4 天，清关需要 15 天，俄罗斯境内运输需要 18 天，加起来一共需要 37 天左右，而在这中间有任何环节出现问题，客户收到货物可能就需要 2 个月的时间。

支付方面，在电子商务实体货物交易中，80%～95% 的付款采用货到付款方式，第二位的付款方式是刷卡，在线支付排在最后一位，对于 B2C、B2B 等电子商务交易模式，由于两国地域问题，货款回到企业需要时间，再者俄罗斯交易平台匮乏，一般都是通过物流公司进行资金来往，效率低，严重影响企业发展。因此跨境电子商务必须提前准备好付款机制应对，如何更好地支持货到付款对中国卖家来说是个大挑战。

由于俄罗斯高昂的进口关税以及商检费用，使得大部分发往俄罗斯的货物采用"灰色清关"的方式，所以在中俄跨境电子商务物流中，建立在中国境内的边境仓比海外仓更加火热，货物更加安全，物流成本更低。但由于这种方式不具有合法性，很容易被俄罗斯海关、检察院等部门查处，所以不能由正规邮政公司进行大规模的运输派送，进一步影响了物流的效率。而从长远来看，海外仓将会取代边境仓，成为未来中俄跨境电子商务贸易的主要物流方式，以解决当前中俄跨境电子商务物流中存在的种种问题。

3.3 跨境电子商务合作概况

3.3.1 中国与东北亚和俄罗斯跨境电子商务合作现状简介

（1）中国与东北亚和俄罗斯跨境电子商务企业及平台交流密切

2016 年，被称为"草原上的京东"的电子商务平台——内蒙古锡林郭勒盟新丝路电子商务有限公司与蒙古 NEW SILKROAD 电子商务公司签署了跨境电子商务合作协议。锡林郭勒特色农牧产品在独特性、品质上存在得天独厚的优势，为特色农牧产品的电子商务奠定了巨大的发展空间。蒙古有着得天独厚的自然地理优势，毗邻俄罗斯，便于欧洲优质的商品输出。同时，依托锡林郭勒盟新丝路电子商务平台，把蒙古天然绿色的畜牧业产品、精美的羊绒手工制品等商品销售到我国各地，也便于我国商品通过电子商务平台出口到蒙古，并通过蒙古流通到俄罗斯等欧洲国家，这将为中蒙跨境贸易开拓全新渠道，对进一步加强中蒙贸易往来起到积极推动作用。

（2）中国与东北亚各国和俄罗斯在跨境电子商务基础设施建设方面合作成效显著

2018 年，威海开始探索中韩"四港联动"。2019 年，威海市商务局会同各有关单位共同举行了威海—仁川"四港联动"物流一体化业务模拟测试，随后，《威海—仁川"四港联动"打造东北亚物流中心谅解备忘录》正式签署。威海毗邻日韩，将充分发挥中韩海上航线密集和兼具海运价格、空运速度的优势，打造中韩黄金水道"天天班"，探索打造威海港口—韩国仁川、群山—韩国釜山—日本港口间"海—陆—海"物流通道，推动中日韩跨境电子商务通路建设，加强与仁川开展"四港联动"物流一体化协同发展，打造东北亚跨境电子商务物流枢纽城市。2019 年威海从市级财政预算中预留 1 000 万元跨境电子商务专项资金，用于鼓励扩大跨境电子商务进出口规模、完善跨境电子商务基础设施建设。

（3）跨境电子商务综合试验区及产业园区合作不断深入

2019 年，青岛推动跨境电子商务综合试验区公共服务平台与监管部门、综合服务企业数据对接，支持保税港区综合服务平台上线开展业务；支持"国家级跨境电子商务产品质量安全风险监测中心"建设工作；拓展海、空、铁等物流通道，增开中韩、中日定期班轮，依托"多式联运中心"探索开辟新的铁路国际物流专线，重点面向"一带一路"与上合组织沿线国家和地区布局，加强国际合作交流。

3.3.2　中国与东北亚和俄罗斯跨境电子商务合作面临困难

（1）跨境电子商务相关配套产业发展不相匹配

以与俄罗斯的跨境电子商务物流行为为例，由于俄罗斯复杂的地理环境和恶劣的自然条件，且与我国商品市场极度繁荣的东部地区相距甚远，跨境电子商务的长途物流问题是限制其发展的主要原因。俄罗斯幅员辽阔，横跨亚欧大陆，交通主要依靠铁路。发往俄罗斯以及东欧方向的包裹，单票重量2公斤以下的国际小包，到达俄罗斯的时间为15～25天。目前，俄罗斯前20座大城市由菜鸟网络提供物流服务，包裹15天妥投率已经从原来不到2%，攀升到了80%以上。而中小城市和偏远地区交通基础设施状况较差，影响了包裹配送时间。

（2）贸易政策存在不确定性

俄方海关手续复杂，通关耗时较长，是制约中俄跨境电子商务发展的另一因素。需要双方简化通关程序来提高跨境电子商务效率。面对外国电子商务企业在俄快速发展，俄有关部门和企业界为保护本国电子商务企业的市场利益，欲对外国电子商务企业采取限制措施，降低进口邮税起征点、对不在俄纳税的外国电子商务企业产品征收关税或消费税等，这加剧了跨境电子商务发展的不确定性。此外，俄罗斯政府配套政策仍显不足。俄政府部门对就电子商务发展的配套政策滞后，俄电子商务企业在办理出口审批手续时须先行提供与进口商签订的合同，海外仓备货仍需按照传统贸易方式进行。俄罗斯至今没有出台任何明确法律，对跨境网络贸易这一巨大的交易市场收取关税。目前东北亚各国跨境电子商务的法律法规都不是很健全，在一定程度上无法对跨境电子商务企业提供保护和约束，使跨境电子商务企业缺乏一定的安全感，限制了跨境电子商务的发展规模。

3.3.3 中国与东北亚和俄罗斯跨境电子商务合作提升途径

（1）应建立完善的物流配套产业

在"一带一路"倡议下，我国跨境电子商务面临更好的机遇。中欧班列的开通，极大地促进了物流产业的发展。在未来的发展中，电子商务企业可以在中欧班列的沿线国家和城市建设海外仓储基地，实现当地储存和配送业务。中俄及有关国家政府部门要做好海外仓建设与运行在法律和税务上的保护措施，积极鼓励东北亚各国电子商务企业在两国地域内建立海外仓储设施，以此促进跨境电子商务的发展。

（2）各国政府应积极完善相关法律法规

跨境电子商务的发展是建立在世界和平和稳定的基础之上的。在改革开放新时代，东北亚各国在经济发展和意识形态等多方面达成了一致，各国政府应该积极构建并完善有关跨境电子商务企业和贸易活动的法律法规。一方面能够保证跨境电子商务企业的合法权益，使东北亚各国电子商务企业能够在不同国家法律允许范围内开展正常的经营活动，这样能带动一大批企业投入跨境电子商务行业；另一方面也对跨境电子商务的经营活动进行适当的限制，能够保护各国国内日常生产和经营正常进行，维护本国经济平稳发展。

第4章　中国与中西亚国家跨境电子商务合作概况

4.1 中西亚国家概况与经贸市场

4.1.1 国家概况

中亚地区位于亚欧大陆的中心，自古以来就是古丝绸之路必经之路和重要的货物集散地，地缘战略位置十分重要。近年来，随着"一带一路"倡议的提出，中国与中亚国家关系进入了新的发展阶段，双方不断深化贸易、投资和产能等领域的合作。2017年，中国与中亚国家贸易总额达362.8亿美元，双方合作势头良好，增长潜力巨大。从国别上看，中国同中亚国家贸易额的国别差异较大。哈萨克斯坦是中国在中亚地区最大的贸易伙伴。2017年，中哈贸易额约为180亿美元，占中国对中亚国家进出口额的50%。土库曼斯坦是中国在中亚地区的第二大贸易伙伴，也是中国在中亚地区最大的进出口来源地。2017年中土贸易额为69.5亿美元，占2017年中国对中亚地区进口额的 45.2%。

从 20 世纪 90 年代开始，随着中国对西亚国家石油进出口量快速增加和国际石油价格的高位运行，以及中国资本品和轻工业产品制造生产和出口能力显著提升，中国与西亚国家的双边货物进出口规模迅速扩大。由于中国与西亚的资源禀赋和产业结构互补性较强，中国—海合会自贸区谈判的稳步推进又创造了良好的外部环境，未来中国与西亚双边贸易的增长空间仍然广阔。中国在西亚的主要贸易伙伴一般是经济发展水平较高、石油资源丰富和城市基础设施需求增长较快的国家。近十年来，沙特阿拉伯一直是中国在西亚地区最大的贸易伙伴，阿联酋、伊朗和阿曼达则基本维持在第二至第四位。

4.1.2 经济贸易市场特征

"一带一路"的提出为沿线国家提供了与其经济发展相匹配的战略需求和开放格局，将带动沿线国家尤其是中亚五国的经贸发展，促进中国与中亚五国的合作往来，为双方贸易发展带来新的契机。贸易潜力决定着中国与中亚五国的贸易前景和合作方向。以下以哈萨克斯坦和土库曼斯坦经济贸易市场为例，研究其市场特征，为中国与中亚贸易提供见解。

以 2017 年 1～11 月份为例，哈萨克斯坦外贸进出口总值 695 亿美元，较 2016 年同期增长 25.1%，其中，出口 431 亿美元，增长 31.6%，进口 264 亿美元，增长 15.8%，贸易顺差达 167 亿美元，增长 70%。向欧亚经济联盟国家出口 46 亿美元，较去年同期增长 31.3%，进口 110 亿美元，增长 26.7%。意大利、中国、荷兰为哈萨克斯坦前三大商品出口国，分别占出口总量的 17.8%、12% 和 9.9%；俄罗斯、中国、德国为前三大商品进口国，分别占进口总额的 39.1%、16.1% 和 5.1%。从地区分布来看，哈萨克斯坦前三大贸易伙伴依次为欧盟（38.7%）、亚洲（25.2%）和联盟（22.4%）；从国别构成来看，俄罗斯仍为哈萨克斯坦第一大贸易伙伴，占比 20.6%；中国排名第二，占比 13.5%；意大利位列第三，占比 12.4%。中国在哈萨克斯坦对外贸易中占比稳步上升，由 2016 年的 12.7% 增至 2017 年的 13.5%；俄罗斯占比增长 1.5%，意大利则下降 7.4%。

中国、土耳其和伊朗是土库曼斯坦主要外贸合作伙伴。中国为土库曼斯坦的第一大贸易合作伙伴。贸易额主要来源于土库曼斯坦向中国出口的天然气，向中国进口的机械设备等商品。预计土库曼斯坦还将进口中国的生产机械和日用品，还将引进中国新技术。

4.2 中西亚国家电子商务发展状况

中西亚部分国家电商发展状况见表 4-1。

表 4-1 中西亚部分国家电商发展状况

国家	主要商品类型	电商市场规模	主要电商平台	互联网普及情况
哈萨克斯坦	日用品。主要支付方式：现金/银行卡	2018 年约 6 亿美元，预计 2020 年达到 20 亿美元	—	互联网用户 258.02 万
土耳其	电子媒体类、家具家电类。主要支付方式：Visa、万事达信用卡	2018 年 59 亿美元，预计 2022 年达到 67.26 亿美元	Hepsiburada（本土电子商务平台，B2B）、N11、Gittigidiyor（eBay 投资的大型拍卖网站，C2C）和 Trendyol（服装时尚网站，B2C），Amazon.com.tr（亚马逊土耳其站）	移动通信服务商 3 家：Turkcell、Turk Telekom、Voldafone，互联网覆盖率达 66%，2021 年将达到 74.3%
沙特阿拉伯	电子产品、旅游类服务、玩具、爱好和手工品类。主要付款方式：CashU、货到付款	2018 年为 70.74 亿美元，预计到 2022 年达到 106.49 亿美元	Souq、亚马逊、本土电子商务平台：Iherb、Yesstyle、Tbdress、Saksfifthavenue	拥有宽带用户 2 900 万，普及率 94.5%；因特网用户 1 960 万，普及率 63.7%。互联网渗透率超过 60%
阿联酋	鞋类和服饰、化妆品和美容品。主要付款方式：CashU、货到付款	2017 年为 34 亿美元，预计 2020 年达到 272 亿美元	Noon、Emaar Malls，本土电子商务：FMM Dubai、Cocount Couture	互联网渗透率占 59.2%，智能手机占有率为 52.3%。预计到 2020 年，网购人数将增加 1%，互联网渗透率超过 90%

数据来源：根据公开资料整理而得。

（1）哈萨克斯坦

哈萨克斯坦最大的电子商务公司——"Chocofamily"控股公司推出名为"Rahmet"的新移动应用服务，拟与吉尔吉斯斯坦、土库曼斯坦和乌兹别克斯坦之间展开合作。中亚拥有 7 000 万人口，但市场的城市化程度较低，城市居民仅占总人口的 39%。那些人口密集、基础设施发达和具备接入互联网条件的大城市对于互联网商务更感兴趣。塔什干人口数量 240 万人，是中亚人口最多的城市，虽然尚未开发电子商务业务，但被视为中亚最具潜力的市场。阿拉木图和阿斯塔纳是中亚两个百万人口级城市，虽然两座城市相距较远给发展电子商务带来一定困难，但相关业务已经开始起步。电子商务还有其他的潜在市场，包括比什凯克、希姆肯特、阿什哈巴德和杜尚别。乌兹别克斯坦暂无电子商务业务，任何一家银行都不提供互联网交易服务。一旦相关业务出现，将会在乌兹别克斯坦迅速发展。目前哈萨克斯坦网上购物仍有不便，商品出售后，卖家还需提供送货服务。目前，互联网在中亚地区主要关注百万人口和人口超过 50 万的城市，这些城市的人口总数占中亚人口总数的一半。

（2）土耳其

土耳其地跨欧亚两洲，首都为安卡拉，伊斯坦布尔、伊兹密尔等是知名大城市。土耳其拥有雄厚的工业基础，为世界新兴经济体之一，亦是全球发展最快的国家之一。土耳其有 8 200 多万人口（2018 年数据），世界排名第 19 位，其中城市人口比例占 72.1%，国民平均年龄为 30 岁。2017 年，土耳其人均 GDP 为 9 969 美元，预计到 2021 年将达到 11 945 美元。

土耳其的互联网覆盖率达 66%，大概有 5 400 多万网民，预计 2021 年将达到 74.3%。智能手机的普及率略低（51.8%），但预计未来四年将增长至 69.5%。土耳其网购渗透率也很高，2017 年大概有 3 100 万人在线网购，2018 年大概有 3 300 万人在线网购，随后网购渗透率每年都会稳步增长。76% 的网购用户使用 PC 端购物，相比而言，智能手机（16%）和平板电脑（3%）网购就少很多。

据土耳其资讯产业协会（TUBISAD）估计，2017年土耳其的电子商务市场规模达到了116亿美元，这其中包括土耳其在线旅游订单及电子商务零售等，高于2016年的102亿美元。单就土耳其电子商务零售市场规模而言，2017年达到了41亿美元，高于2016年的37亿美元。据Statista预计，预计未来5年的年增长率为3.1%，到2022年土耳其电子商务市场规模将达67.26亿美元。

土耳其电子商务市场中，目前最大的细分市场是电子与媒体类产品，2018年这一品类的市场规模是22.6亿美元。其次是家具和家电类市场，2018年该品类的市场规模为11.8亿美元。

（3）沙特阿拉伯

2017年，沙特阿拉伯信息和通信技术委员会（CITC）预计当地B2C电子商务市场规模为80亿美元，这个数字在2015年为27亿美元。在目前中东几大电子商务平台中，有两家专注沙特阿拉伯市场，分别是Wadi和Jollychic，这两家的发展速度最快。沙特阿拉伯的电子商务市场也被资本市场密切关注，电商融资变得频繁。2017年12月18日，总部位于沙特阿拉伯达曼的美妆类电商Golden Scent获得A轮融资。2018年1月9日，总部位于沙特阿拉伯吉达的礼品电商Resal宣布获得数百万美元投资。2017年，伴随着电商的快速发展，当地的物流行业迎来发展高峰。Fetchr在2017年5月获得4100万美元融资，之后快速发展，订单猛增，有60%的业务来自中国电商。与Fetchr、Wing.ae、One Click等同类型的公司也相继获得融资，中东的物流基础设施在此基础上正不断完善。

（4）阿联酋

阿联酋是整个中东地区经济发展速度最快、国际贸易最为活跃的国家之一，而迪拜更是连接东西方的地区金融中心和海运航空枢纽。就电子商务而言，国民购买力强、信息技术发达的阿联酋是中东地区的行业领头羊，但由于受实体商业发达等因素影响，目前市场规模在全球范围内还处于方兴未艾的初级起步阶段。

4.3 跨境电子商务合作概况

4.3.1 中国与中西亚跨境电子商务合作现状简介

（1）加强双方电子商务相关政策沟通

中国与中西亚国家积极对接经济发展战略，协调相关法律法规，并通过制定区域合作规划和具体落实措施等，为"丝绸之路经济带"建设提供各层面的政策保障。如在国家层面，哈萨克斯坦2050战略、乌兹别克斯坦"福利与繁荣年"规划、吉尔吉斯斯坦"国家稳定发展战略"、塔吉克斯坦"能源交通粮食"三大战略及土库曼斯坦建设"强盛幸福时代"发展战略，均与"丝绸之路经济带"建设实现了国家层面的有效对接。与此同时，中亚地区"丝绸之路经济带"建设充分运用上合组织、中亚区域经济合作组织、亚欧会议等既有机制与平台增信释疑、汇聚共识，在政策沟通方面发挥了积极作用。通过制定合作纲要、激活机制平台、完善法律法规与搭建论坛等多种途径，中亚地区"丝绸之路经济带"建设在政策沟通方面取得长足进展。

（2）跨境电子商务物流基础设施逐步完善

公路、铁路、航空、港口、隧道、管道及与之配套的物流基地、物流园等一批重点项目相继完成或落地。当前，新疆正通过加大和完善物流园区的建设来满足丝绸之路经济带开发和畅通与中亚运输通道的需要，已建成投入运营2个物流园区，在建8个物流园区，规划建设有11个物流园区，建成后均将开展面向中亚的国际电子商务与物流活动。中哈国际合作示范区具备建设大型国际物流园区的条件，它围绕新疆建设丝绸之路经济带商贸物流中心，并全力打造向西开放的桥头堡，立足于地缘、区域优势，保障位于乌苏市、和布克赛尔县和塔城市的三个国际商贸物流园建设，积极推进巴克图口岸综合保税区、额敏（兵地、辽阳）工业园区建设，重点培育沙湾县阿里巴巴·塔城产业带、中哈跨境电子商务平台服务区，引领中国西北区域跨境电子商务的发展。做大做强以中哈巴克图—巴克特农副产品绿色通关、乌苏国际商贸物流中心仓储为新疆重要的商贸物流集散平台，联通国际国内的现代商贸物流体系，实现开放型经济新突破，打造新疆乃至全国重要的绿色有机农产品进出口加工基地，将巴克图口岸建成丝绸之路经济带建设重要对外开放口岸，将塔城地区打造成为新疆丝绸之路经济带中哈国际商贸物流合作示范区。重点建设的物流园区包括乌苏市物流园区（塔南）、和布克赛尔县物流园区（塔北）、塔城市物流园区（塔西）、巴克图口岸综合保税区和额敏（兵地、辽阳）工业园区共5大物流园区。

（3）跨境电子商务平台建设成果丰硕

依托塔城地区的阿里巴巴·塔城产业带、企业分散建立的跨境电子商务服务平台，整合集中建立面向中亚的跨境电子商务服务平台区，将国际合作示范区建成中哈最大的国际电子商务平台。目前，沙湾县争取了国家级电子商务进农村综合示范县项目，建立了和田馆、塔城馆、西柳服装馆及15个乡镇场馆以及特色农副产品展示馆，并与供销、邮政及物流快递公司建成合作伙伴，已有420多家企业进驻，实现交易额7 720多万元。作为新疆唯一一个在阿里巴巴上发展电子商务的平台，形成了以沙湾为基地，服务塔城地区、辐射全疆和全国的电子商务平台及大型网上批发销售平台，完全具备了开展跨境电子商务的基础条件，应推动阿里巴巴·沙湾产业带升级为阿里巴巴·中哈（塔城）产业带，依托阿里巴巴平台，启动跨境电子商务业务，加快跨境贸易电子商务综合服务平台和商贸物流园区建设，全力打造北疆的电子商务中心、跨境电子商务中心和物流配送中心。

（4）重点建设跨境电子商务平台服务区

依托中哈国际合作示范区核心区，以巴克图口岸为窗口，熟悉电子商务贸易运行的特性，探索制定出适合中哈国际合作示范区的跨境电子商务贸易的监管体系、支付体系、产品安全及征信体系、结汇及退税、物流配送体系等政策和措施。在合作示范区内创新跨境人民币业务，相应建立人民币离岸结算中心和功能完善的国际融资、外汇交易及金融清算中心。设计出切实可行的业务实施方案及流程体系，以及电子信息化支撑平台和运营体系，提高进出境口岸管理部门对跨境电子商务企业有效监管和服务效率，助推区域内中小微型企业能在国际市场占有一席之地。加大合作示范区金融支持力度，拓宽进出口企业的投融资渠道。

4.3.2 中国与中西亚跨境电子商务合作面临困难

（1）中西亚各国的网购支付方式较为落后

中西亚各国现有网购的支付方式主要为现金支付，移动支付占比较少，这对中国与中西亚地区的跨境电子商务的进一步深度合作带来障碍。以哈萨克斯坦为例，2018年哈萨克斯坦网上商品支付以现金支付为主，占比达46.3%，通过银行卡支付，占比为24.2%，银行汇款支付占比为17.9%，电子货币支付占比为9.1%，移动手机支付占比为9.1%。

（2）中国与中西亚跨境电子商务涉及的主要商品和服务品类较窄

目前，跨境电子商务涉及的主要商品为衣服鞋帽等商品。例如，2018年，哈萨克斯坦通过互联网提供的商品和服务中，服装、鞋占比最大，达到54.5%；其次是美容化妆品，占比27.6%；食品占21.1%，书、杂志、报纸、课本资料占16.5%，而其他产品占比都非常小。

（3）售后服务难以得到有效解决

由于中西亚跨境电子商务物流运输线路长、涉及面广、环节多，往往会在某个节点出现货品质量受损或丢失、海关和商检风险、配送地址错误等一系列问题，这都会导致退换货问题的发生。由于跨境电子商务物流环节涉及的国内外物流环节众多，程序复杂，因此退货周期长，售后服务难以保障。

4.3.3　中国与中西亚跨境电子商务合作提升途径

（1）应加大双方的通关改革力度

应该在双边清关、报关、报检方面不断改革创新，简化通关手续，缩短通关时间。例如，对一些来自中西亚国家的特定货品给予先入境后报关、关税优惠等。2015年5月发布的《海关总署关于调整跨境贸易电子商务监管海关作业时间和通关时限要求有关事宜的通知》指出，从2015年5月15日开始，各地海关必须保持365天的工作时间。新疆维吾尔自治区伊犁哈萨克自治州进行了"信息互换、监管互认、执法互助"三大通关改革部署，积极实施"单一窗口""三家一杆""进口直通、出口直放"等便捷高效措施，提高通关便利化水平，在政策利好的大环境下，推进跨境电子商务物流迎来新的历史转折点。

（2）应构建跨境电子商务物流信息平台

根据当前中西亚国家跨境电子商务物流存在的货物无法全程追踪、各方之间难以衔接的问题，需要"一带一路"沿线国家和地区相关政府部门通力合作，利用大数据、"互联网+"、物联网、智慧物流等先进技术，使跨境的内外电子商务企业、物流企业、海关等各方之间相互协调，共建一个可以对货物进行全程追踪、全程监控和无缝对接的信息平台，实现货物即时准确定位，为消费者提供保障。

（3）应加快建设跨境电子商务物流海外仓

海外仓库的物流模式，无论是对于中西亚国家物流企业还是跨境电子商务经营者和消费者而言，都大有好处。在物流成本方面，货物批量运输能够产生规模效益，物流成本能够大幅度降低。同时，海外仓库能够解决本地的退换货问题，退换货品不需要经过二次清关、商检及跨境物流等环节，从而极大地降低物流成本。在物流效率方面，跨境批量运输使货物一次性清关、商检等，减少通关环节的复杂程序，货物的通关和运输效率也由此得到提高，再加上是在当地发货，能够快速对订单进行响应，配送时间也可大大缩短。因此，建立跨境电子商务物流海外仓库的意义重大。

中国跨境电子商务发展报告
（2018—2019）

第5章 中国与中东欧国家跨境电子商务合作概况

5.1 中东欧国家概况与经贸市场

5.1.1 国家概况

中东欧地区是一个地缘政治概念，中东欧国家包括波兰、阿尔巴尼亚、罗马尼亚、立陶宛、保加利亚、捷克、匈牙利、波黑、斯洛伐克、斯洛文尼亚、爱沙尼亚、拉脱维亚、克罗地亚、塞尔维亚、黑山、北马其顿16个国家。

从2011年第一届中国—中东欧国家经贸论坛召开，2012年第二届中国与中东欧国家经贸合作论坛暨首届中国与中东欧国家领导人在波兰华沙举行会晤，开启了中国与中东欧国家机制化合作的新篇章，构建了16+1合作发展模式。自2013年开始实施的"一带一路"倡议，明显促进了中国与中东欧国家的贸易。中东欧16国全部被纳入"一带一路"国家中，中东欧国家是中国的重要贸易伙伴,更是欧亚国家和中国贸易的联系通道,中东欧国家在"一带一路"倡议中在政治和经济上都有举足轻重的地位。在所有"一带一路"国家中,中东欧国家是经济发展水平相对较高,国民教育水平相对较高,政局比较稳定,基础设施比较完备的国家。中国与中东欧国家的发展阶段比较接近,经贸诉求比较一致,而且中东欧国家中有11个国家是欧盟成员国,与西欧市场高度统一,中东欧国家也是中国的投资和产品进入欧盟市场的重要渠道。近年来,受欧债危机和欧洲经济低迷的影响,中东欧国家和中国经贸合作的意愿也在逐步增强。

5.1.2 经济贸易市场特征

中东欧国家经历了二十年的发展,已经从之前的计划经济向市场经济发展,经济方面根据数据显示,2014年中东欧国家总吸引外资流量达到了404.4亿美元,这一数据在2015年达到了469.6亿美元,2016年吸引外资流量为502.3亿美元,对外投资流量达到106.8亿美元,对比全球吸引外资为3.3个百分点,而2013年,中东欧所有地区加起来的经济总量仅为1.5亿美元。

世界银行和国际货币基金组织通过对全世界国家的统计和分析,所得出的标准,中东欧这十六个国家分属高收入和中高收入两个阶层,但总体在时间范围内属于富裕国家,其中立陶宛、波兰、匈牙利、克罗地亚、斯洛文尼亚、捷克、爱沙尼亚、斯洛伐克、拉脱维亚因为产业结构合理,人们富足,属于高收入的国家,而其余的罗马尼亚等七个国家属于中高收入国家。

根据地理位置的差异和经济产业结构的不同,中东欧各国可分三个部分:

(1) 巴尔干半岛国家

巴尔干半岛各国是由罗马尼亚、保加利亚、克罗地亚、波黑、黑山、塞尔维亚、北马其顿和阿尔巴尼亚组成的。这些国家工农业发展均衡,特色产业比较突显,基本上都有出海口贸易,其经济总量只占东欧地区的四分之一,对外贸易额占五分之一,吸引外资为31.9%,对外投资为22.6%。

这 8 个国家特点是作为欧洲的新兴与发展中经济体，增长速度比较缓慢；只有其中两个国家的增长速度比较快，它们是阿尔巴尼亚和北马其顿。在 2014—2017 年，其增长速度非常快，增长速度都为 2.3 个百分点，而经济基础优势明显的罗马尼亚的增长速度只有 1.4%。德国、中东欧国家、俄罗斯、土耳其是他们的主要对外贸易伙伴。经济结构相对完整的有保加利亚、克罗地亚、罗马尼亚、塞尔维亚这四个国家，它们的服务业发展迅速，在 GDP 中的比重都超过了一半，虽然这四个国家工业基础相对雄厚，但是在 GDP 的比重只维持四分之一左右，除此以外，罗马尼亚在石化工业方面优势明显，纺织和化工行业是保加利亚的支柱，造船工业以克罗地亚为翘楚，塞尔维亚在汽车和信息通信产业特点明显。

上述 8 国在农业方面也具有显著的优势，罗马尼亚号称欧洲粮仓，保加利亚的玫瑰油产量占全球第二位，塞尔维亚的农业产值占 GDP 比重达到十分之一。波黑、北马其顿、黑山和阿尔巴尼亚因为各种原因，经济产值都比较低，属于传统农业国家，如阿尔巴尼亚农业占比超过五分之一，对外具有很强的依赖性，但发展水平相对落后。通过制定和执行一系列的吸引外资政策，给予投资者优惠的条件，执行最低利率等，使得这些国家在竞争力方面独占鳌头。

(2) 工业板块国家

波兰、捷克、斯洛伐克、斯洛文尼亚和匈牙利等五个国家组成了发达的中东欧工业板块。地理上，只有波兰在波罗的海有港口，2004 年欧盟正式发展这五个国家为其成员国，而且斯洛文尼亚和斯洛伐克还是欧元区国家。这五个国家经济总量雄厚，主要经济指标，包括经济总量、对外贸易总额、吸引外资流量及对外投资流量在整个中东欧所占比重都超过了 60%，甚至对外投资流量超过了 70%。这五个国家之中，波兰经济实力最为雄厚，各项主要经济指标，都处在第一位，经济总额度更是达到了匈牙利、捷克、斯洛文尼亚和斯洛伐克四国的总和。这五国在工业方面有着悠久传统，技术发达，基础雄厚，工业产值在 GDP 中比例远远高于欧盟整体 16% 的水平，其中捷克工业占比约为 36.7%，居欧盟首位；斯洛文尼亚有着欧洲"东方小瑞士"之称，工业占比为31.4%；斯洛伐克和匈牙利工业占比分别为31.2%和31.1%。

（3）波罗的海国家

苏联解体后，新成立的波罗的海国家包括爱沙尼亚、立陶宛和拉脱维亚。他们都是高收入和发达经济体，同属于欧盟国家和欧元区国家。立陶宛是这三个国家经济实力最雄厚的国家，三国经济增速不错，处在欧盟各国的第一集团。其服务业占比非常大，是总额度的一半以上，已经成为了最重要的产业之一；运输、房地产、通信和互联网以及旅游占据三国服务业的主体。在高科技产业方面，立陶宛在信息通信技术排名上居全球第一名。

5.2 中东欧国家电子商务发展状况

（1）波兰

波兰的电子商务零售业起步虽晚但发展很快，作为欧盟第六大经济体，其电子商务市场年交易额仅占邻国德国的1/6，并远落后于英国，但波兰的电子商务平台市场以每年22.6%的速度增长，远超英国（15.8%）等其他欧洲国家。另外，波兰的跨境交易只占整体电子商务市场的10%，远低于欧盟30%的平均水平。由此可见，波兰的电子商务市场远未达到饱和。因此，业内普遍认为，波兰这个最具潜力的跨境电子商务市场正含苞待放。据德国 Statista 数据显示，到2022年波兰的市场规模将达到117亿美元。电子商务的发展还极大地带动了波兰的其他产业。Property 杂志指出，由于中国阿里巴巴、美国亚马逊、德国 Zalando 等电商巨头纷纷涌入波兰投资建厂，波兰的建筑业也得到了发展。

（2）捷克

目前捷克43%的技术产品或非食品类商品都是在网上售出的，而欧洲最大的电子商务市场英国才达33%。例如2016年，就已有49%的捷克人在网上买东西，一共消费了980亿捷克克朗。在未来几年内，服装类将成为捷克最热销的电子商务品类,其价值到 2021 年估计会达到 11.7 亿美元。捷克的互联网普及率高,达 88.4%。2017 年来自中国的快递达 1560 万件,同比增长 40%;2018 年初以来,增幅已超过 50%。

(3) 斯洛文尼亚

斯洛文尼亚有 1500 家电子商务企业,居民人数约为 206 万人。在斯洛文尼亚,互联网对购买决定有着很大的影响力,购买前会上网搜索产品和服务信息的消费者比例高于欧盟的平均比例。在斯洛文尼亚,不论是对线上还是线下销售渠道,互联网都有着非常重要的影响力,不过斯洛文尼亚网购的数量仍低于欧盟的平均水平。在斯洛文尼亚,9/10 的互联网用户会在购买前上网搜索产品和服务信息,但是只有 1/5 的人真正在网上购物。斯洛文尼亚的网购消费者群体:年龄在 12～24 岁的互联网用户中,有 96% 的人上网购物,其中 39% 的人至少每月网购一次。在 25～34 岁的互联网用户中,有 95% 的人会网购,而且这些人网购最频繁,近一半的人每月网购一次。45～84 岁的网购消费者比例最少,只有 73% 的人会网购。43% 的斯洛文尼亚人仍然只在国内的网店购物,不过跨境网购的人数正在增长,57% 的互联网用户进行跨境网购。十次网购中,至少有一次是从国外网店购买。

(4) 匈牙利

2017 年,匈牙利的电子商务交易额首次超越 5000 亿福林(匈牙利的货币单位)大关,创值 5450 亿福林,即 16.5 亿欧元。eNet(硅谷动力)在匈牙利电子商务会议上披露了一组数据,在 10 年的时间里,匈牙利国内的电子商务收入从 1.4 亿欧元增长到了 2017 年的 16.5 亿欧元。在匈牙利,ICT(信息通信技术)、消费电子产品、服装和运动装备以及玩具、礼品和家用电器类是最受在线用户青睐的产品类别。大多数网上商店都提供了送货上门的服务,并允许顾客货到付款。在这个东欧国家,四个在线订单中有三个(73%)是由快递公司提供的。大多数网上订单(47%)是以货到付款方式支付的。自 2015 年以来,约有 900 000 人加入到匈牙利网上购物的大军中,其中仅 2017 年一年就增加了 300 000 人。匈牙利的消费者不仅喜欢国内的在线商店,也逐渐对国外的网上商店产生了兴趣；从国外购买的匈牙利消费者数量已经从150万人增加到270万人。EnET（硅谷动力）首次估计了匈牙利消费者在国外电子商务平台的消费需求：2017年，匈牙利购物者在国外电子商务网站上花费了约12.1亿欧元，接近2016年国内电子商务总营业额。

（5）罗马尼亚

2018年欧洲电子商务报告将罗马尼亚列为欧洲增长最快的电子商务市场，仅次于澳大利亚，位居世界第二。据罗马尼亚在线商店协会（ARMO）称，截至2017年底，罗马尼亚的电子商务市场达到33亿美元（28亿欧元），比2016年增长35%。ARMO还估计到2020年罗马尼亚市场可能会增长到59亿美元（50亿欧元）。2015年2月，罗马尼亚制定了罗马尼亚2020年数字议程国家战略。该计划的目标是改善基础设施和数字服务。欧洲电子商务报告指出，罗马尼亚的平均在线购物者每年进行8.4次在线购物，最受欢迎的在线购物类别是服装、体育用品、手机、旅行和计算机软件。

5.3 跨境电子商务合作概况

在国际电子商务市场中，中东欧国家众多、经济发达，发展前景广阔，因此它是我国跨境电子商务合作极为重要的一员。近几年，我国与中东欧国家经贸合作往来逐渐增多，跨境电子商务也正逐渐发展，电子商务交易产品类型不断增多，基础设施逐渐完善。当前，中东欧市场已成为中国跨境电子商务的"新蓝海"。

5.3.1 中国与中东欧跨境电子商务合作现状简介

（1）中国与中东欧国家跨境电子商务合作频繁，交易规模不断扩大

2017年6月，在第十二届中欧工商峰会上，云集品电子商务平台表示将

借势中欧经济合作，布局中东欧国家市场。我国与中东欧国家跨境电子商务的频繁合作，促使中国与中东欧国家跨境电子商务交易规模不断扩大。以中国与中东欧国家跨境电子商务的销售冠军通信类用品为例，据 eBay 数据显示，2014—2018 年间，中国与中东欧国家跨境电子商务通信类用品的交易规模由不足 400 万元人民币增长到超过 1.6 亿元人民币，由于我国商品种类丰富多样且物美价廉，中东欧国家消费者喜欢从中国购物，进一步促进了双方的跨境电子商务合作。

（2）中欧班列是中国与中东欧国家跨境电子商务发展的重要桥梁

现阶段，郑欧、蓉欧、苏满欧、渝新欧等中欧班列逐渐增多，已成为新时代联通亚欧大陆的实体纽带，在中国与中东欧国家跨境电子商务发展中起着重要的桥梁作用。以义新欧班列为例，该班列从我国义乌出发，经新疆阿拉山口出境，经俄罗斯、白俄罗斯、波兰、德国、法国到西班牙，全程 1.3 万多公里，是所有中欧班列中最长的一条，日发件量超过 15 万件。例如，2018 年 1 月，100 件运邮测试件"登"上义新欧班列，于 15 天后运抵波兰。再如，2017 年，我国将成都作为国际铁路物流枢纽，构建起了成都向欧洲的中欧班列（重庆）国际物流通道。渝新欧班列航线的开通，使得中德跨境电子商务全程运输时间降为 16 天，比海运节约 20～25 天。当前，中欧班列是中国与中东欧双边跨境电子商务发展的重要桥梁与纽带，且在不断优化发展。

（3）中国与中东欧国家跨境电子商务合作商品种类不断丰富

近几年，随着中国与中东欧国家跨境电子商务发展的逐步深入，跨境电子商务产品种类也不断丰富，由初期的手机、电脑等 IT 产品逐步扩展至时尚品类、家居园艺品类、电子品类、办公用品类和工业品类，如鞋服饰品、家装工具、计算机及配件、汽车及配件等。例如，随着中欧班列（郑州）开行频次的增加，以及欧洲口岸的增多，我国跨境电商运往中东欧的货物种类逐渐增多，由 2015 年的几百种至 2018 年初已超过 1300 余种，包括纺织品、高档衣帽、电子产品、汽车配件、工程与医疗器械、飞机制造材料和烟酒小食品等。

（4）中国与中东欧国家跨境电子商务的基础设施逐步完善

在中国与中东欧国家跨境电子商务规模不断扩大的同时，双边开展跨境电子商务的基础设施也逐步完善。例如，2017年首个由地方搭建的中欧跨境电子商务合作平台，"中国—欧洲中心"项目在成都高新自贸试验区正式启动。项目采用6+N功能布局，内设有中欧技术交易中心、欧洲商品贸易展示交易中心等6大功能区，以及剧院、国际艺术展览、中欧企业家联合会等综合配套服务区，是我国西部与欧洲进行跨境电子商务贸易合作的综合性服务平台。

5.3.2　中国与中东欧跨境电子商务合作面临困难

（1）中东欧国家贸易保护限制较多

出于保护本国电子商务行业的目的，各国相继制定并出台了多项贸易保护政策，如征收商品增值税、关税与服务税等，一定程度上阻碍了我国与中东欧国家跨境电子商务合作的进程，降低了中国与中东欧国家跨境电子商务企业的积极性。受中东欧各国贸易保护政策的影响，我国跨境电子商务出口货物只能选用国际或挂号小包快递，用以规避各国贸易保护政策的限制条件，但此种物流方式效率极低，极大地冲击了中国与中东欧国家跨境电子商务合作进程。

（2）跨境电子商务支付体系不健全

跨境电子商务的支付因涉及外汇管理、国际贸易等不同复杂环节，导致中国与中东欧国家跨境电子商务支付体系不健全，严重制约了我国跨境电子商务的发展。蚂蚁金服方面称，中东欧各国绝大部分尚未实现支付宝付款，在跨境电子商务交易中，很难体验到支付宝的支付服务。可见，中国与中东欧国家跨境电子商务支付体系仍需进一步完善。

（3）跨境电子商务成本不断增加

据今日头条信息，中国与中东欧国家跨境电子商务企业平均每年需缴纳平台入驻费 1 万元人民币左右，速卖通每笔会加收 5% 的成本费，亚马逊的成本费则为 8%～15%，且亚马逊将 Handmade 的推荐费，由之前的 12% 上调至 15%，每一笔订单推荐费由之前的 0.5 美元增加至 1 美元。与此同时，跨境电子商务物流成本也逐渐呈现上升状态。根据雨果网数据，2018 年 1 月 1 日，跨境电子商务物流企业 FedEx 在原有的基础上，提高了跨境电子商务产品运价，另据搜狐新闻信息，在春节期间，韵达、EMS 和顺丰官方表示，每票快件会继续加收 10 元人民币服务费，跨境电子商务成本呈现明显上升趋势。中国与中东欧国家的跨境电商主要以天猫国际、亚马逊与速卖通为主，这些平台对相关费用的上调，使我国跨境电子商务企业成本急剧增加。

5.3.3　中国与中东欧跨境电子商务合作提升途径

（1）应加快构建监管结算仓，完善跨境电子商务支付体系

具体而言，相关部门应在考虑渠道、资金与监管等因素的基础上，将以往的跨境电子商务 C2C、B2C 与 B2B2C 等模式，进行有效融合。然后基于该模式，将结算仓储引入大型跨境电子商务企业，并加强政府部门的监管力度，最终形成 G2B2C（跨境电子商务企业对平台对个人客户）的监管模式，即跨境电子商务监管结算仓，有效解决跨境电子商务企业资金结算问题。同时，应基于该监管结算仓，鼓励跨境电子商务企业与相关金融机构合作，进一步强化跨境电子商务商品与供应链金融监管，实现跨境电子商务金融闭环结算，有利于完善跨境电子商务支付体系。例如，2017 年 4 月，中国轻工业品总公司与杭州全球商品采购中心有限公司，共同拟定构建国内首个中央监管结算仓——杭州余杭"中央结算仓"，有利于营造有序、完善的跨境电子商务支付环境。

（2）应积极参与国际税收规则制定，优化跨境电子商务交易环境

近年来，由于中东欧各国贸易保护政策具有较多限制条件，不利于中国与中东欧国家跨境电子商务合作。因此，应强化我国在国际税收规则制定中的话语权，为中国与中东欧国家跨境电子商务合作营造良好的交易环境。一方面，我国应在平等互利的原则下，积极参与国际税收新规则的制定，加强与中东欧各国的交流与互动，就跨境电子商务税收问题，展开良好的互动与多方谈判。通过双方协定，合理划分跨境电子商务税收管辖权，公平分配跨境电子商务税收。另一方面，我国应在借鉴国外先进经验的基础上，加强对跨境电子商务税收的监管，扩大中国与中东欧国家跨境电子商务税收合作领域，避免双方跨境电子商务税收的流失，合理维护共同的税收利益，有利于建立中国与中东欧国家跨境电子商务税收合作机制与税收争议解决机制，营造良好的中国与中东欧国家跨境电子商务交易环境。

（3）应加大现代科技投入与运用，提高中国与中东欧国家跨境电子商务技术水平

目前，现代信息技术、智能技术等对跨境电商呈现了巨大的推动作用。通过技术引领与智能驱动，可大幅提高中国与中东欧国家跨境电商技术水平。

① 跨境电子商务企业应顺应时代发展，基于大数据、电子商务、云计算、物流仓储、金融科技与智能硬件等技术，实施跨境电子商务战略转型，逐步形成新技术驱动的跨境电子商务发展模式。

② 跨境电子商务企业应将新兴技术与跨境电子商务海关等各项服务结合，实现信息化手段控制货物通关，有效提升我国与中东欧各国间的信息交流能力，以智能化技术助力中国与中东欧国家跨境电子商务健康、高速发展。

③ 基于上述跨境电子商务新技术手段，跨境电子商务企业可构建智慧物流体系，为中国与中东欧国家跨境电子商务合作，提供强有力的技术支持。例如，京东集团在跨境电子商务领域中，推出了京东无人机与全自动物流中心等尖端智能物流技术，以强大的技术创新与转型能力，提高了跨境电子商务海外开拓市场的技术水平。

（4）应打造跨境电子商务智慧园，推进中国与中东欧国家跨境电子商务商品流转速度

具体而言，我国应参照国际跨境电子商务智慧园建设的先进方式，选择中国与中东欧国家邻近的边境城市，作为跨境电子商务园区建设的主要区位，降低建设成本。且在跨境电子商务智慧园区建设过程中，我国应通过整合中国与中东欧国家的跨境电子商务资源，集合跨境电子商务各环节信息，初步形成跨境电子商务各环节联合的信息链条，完善跨境电子商务企业、平台与物流运营管理模式。同时，在该智慧园区中，应提供咨询、渠道对接、商品信息查询等服务，保障商品流转效率，打造中国与中东欧国家跨境电子商务智慧园区，形成双方跨境电子商务合作的智能化服务体系。

第 6 章　中国与非洲国家跨境电子商务合作概况

6.1　非洲国家概况与经贸市场

6.1.1　国家概况

非洲，全称阿非利加洲，位于东半球西部，欧洲以南，亚洲之西，东濒印度洋，西临大西洋，纵跨赤道南北，土地面积为 3 020 万平方公里，占全球总陆地面积的 20.4%，是世界第二大洲，同时也是人口第二大洲（10.325 亿人）。非洲是发展中国家最集中的大陆，也是世界经济发展水平较低的一个洲，全洲一年的贸易总额仅占全世界的百分之一。在地理上习惯分为北非、东非、西非、中非和南非五个地区，共有 60 个国家和地区。其中，参与"一带一路"较多的国家主要分布在北非地区。

中国与非洲同属发展中国家，在二十世纪完成了国家独立和民族解放的任务后，在二十一世纪都面临经济发展和提高人民福祉的发展诉求和复兴之梦。从经济发展的构成要素看，中非双方具有优势互补、合作共赢的强大基础及资源禀赋。非洲有10亿多人口，自然和人力资源丰富，市场广阔，发展潜力巨大，但经济发展仍比较落后，缺乏发展资金、技术和经验。其中塞加内尔、埃塞俄比亚、卢旺达、肯尼亚等非洲国家都是中国"一带一路"倡议的积极响应者。

6.1.2 经济贸易市场特征

近10多年来，非洲不断释放增长潜力，整体崛起的势头日趋强劲。特别是2017年以来，非洲经济继续稳步增长，非洲各区域和国家呈现整体共同发展的趋势，各类经济指标运作状态良好，在全球层面，非洲经济增长速度名列前茅。例如2017年非洲经济增速达到4%，是全球平均增长率的2倍。大多数非洲国家以持续、高速和稳定的经济增长，向世界呈现了一个富有前景的巨大市场。

（1）埃及

埃及近年来经济持续稳定发展，经济增长率呈逐年上升趋势。一方面，据世界银行2017年《全球经济展望》报告，埃及2017—2019年的经济增长率分别为4.3%、5.0%和5.3%，是海合会国家经济增速的两倍，居西亚北非国家首位。另一方面，埃及是中东第一大国，人口9 001万人（2015年数据），劳动力成本较低；埃及作为"一带一路"两端交汇地带，区位优势明显，是面向欧洲、非洲和阿拉伯国家的窗口。此外，埃及还具有相对便利的国际贸易条件，拥有商品出口欧盟国家免税等优惠政策，并加入了埃及—欧盟伙伴关系协议、大阿拉伯自由贸易区协定、东南非共同市场等区域贸易协定。

（2）突尼斯

突尼斯经济目前总体运行状况良好，宏观经济稳定，GDP总体保持中速增长，但国民经济对贸易的依存度高，出口市场集中且与欧盟市场关联程度偏高，纺织品出口面临不断增加的国际竞争；对外贸易长年逆差，外汇储备相对低下，债务负担比较沉重；此外，失业率长期居高不下也会影响经济持续发展。突尼斯具有比较完善的基础设施和法律、优惠的投资政策和国际市场潜力，因此世界经济论坛把突尼斯列为非洲地区对投资者最有吸引力的国家。但银行和证券交易市场规模小，关税水平比较高，对外资企业雇佣本地人员规定比较严格。

（3）埃塞俄比亚

近年来，埃塞俄比亚经济保持较快速度的增长，平均增长率达到 11%。其政府也采取了多项措施促进出口，包括提高出口商品数量和质量，寻求更多的出口目的地。大规模的基础设施建设是埃塞俄比亚发展的重点，这也为经济发展起到重要的推动作用。道路网络、大型水坝与铁路工程等多项大型基建项目也在进行之中。近年来，埃中双边贸易发展迅速。埃塞俄比亚向中国大量出口咖啡、皮革与农牧产品，从中国主要进口机械制品、化学品、纺织品等。过去 10 年间，双边贸易额年均增长近 20%。中国也是埃塞俄比亚最大的贸易伙伴。

6.2 非洲国家电子商务发展状况

随着互联网的发展和智能手机的逐步普及，非洲成为全球最后一片电子商务行业的蓝海市场，非洲电子商务将焕发无限生机。特别是"一带一路"倡议提出以来，非洲与我国的贸易进一步畅通，在一定程度上促进了非洲电子商务的发展。以下是非洲电子商务发展较快的几个国家介绍。

（1）埃及

埃及是中东地区最大的电子商务实体，埃及目前的互联网普及率超过 35%，并且保持 40% 的年增长速度继续发展。90% 人口覆盖 3G 服务，其中 45% 的互联网用户是 16～25 岁，他们当中 36% 的人每天上网 8 个小时。智能手机普及率为 26%，82% 智能手机用户搜索产品，41% 智能手机用户采购产品，移动商务将是今后十年发展的主流，因此埃及的电子商务市场有很大的挖掘空间。埃及电信从 2014 年开始部署国家宽带，其中 2014—2017 年间，埃及电信通过覆盖全国的 MSAN 国家宽带项目部署，极大地改善了国家宽带的水平。当前埃及电信已实现 100% 全面提升全国的固网宽带的接入速度。上网速度由 2014 年的 0.5 兆带宽/线提升到 16 兆带宽/线。2016 年 10 月埃及发放 4G 牌照。埃及中央公告动员与统计局（CAPMAS）报告称，2017 年 4 月埃及高速网络用户达 457 万人，比 2016 年 4 月（405 万人）增长 12.84%；2017 年 4 月移动网络用户达 3 319 万人，比 2016 年 4 月（2 608 万人）增长 27.26%。

（2）南非

南非作为金砖五国之一，是非洲最发达的国家。南非目前人口为 5 500 万人，网民人数为 3 180 万人，网民渗透率达到 58%，处于非洲领先水平。以 2017 年为例，网购用户 1 840 万人，仅次于尼日利亚，排在非洲第二位，网购使用率 57.9%。2017 年南非跨境电子商务进口零售额约为 8.9 亿美元，比 2016 年增长 30.9%。Ipsos（益普索）发布的 2016 年全球消费者调研报告显示，南非消费者海淘非常普遍，有 43% 的南非网购用户会从其他国家电商平台购物。在国外电商网站中，南非消费者最常在美国电商网站购物（24%），其次是中国（13%）和英国（12%）电商网站。南非电子商务的快速发展也离不开网络通信及快递物流等相关行业的兴起。南非电信发展水平较高，在南非可以直拨接通 226 个国家和地区的电话；电信网络基本实现数据化，数据微波和光纤电缆是主要传输媒介；南非是国际电信联盟和非洲电信联盟的成员。邮政业务由南非邮政局垄断，邮政网络发达，业务范围基本覆盖全国。南非现有 2 760 个邮局，30 个邮件分拣中心，雇佣员工 2.5 万人，日处理邮件 650 万件。南非是国际邮政联盟、泛非邮政联盟、英联邦邮政管理委员会和南部非洲运输和通信委员会的成员。

（3）坦桑尼亚

自 1996 年以来，坦桑尼亚的计算机和电子通信（邮件）发展势头很快，特别是电子通信的引入直接刺激了计算机设备的投资热,不过因为一些企业使用公共通信服务,电子通信的利用率较高于计算机的使用。据统计,1996年计算机使用率约为0.5%,电子邮件为0.3%;而2000年则分别增长到28%和40%。目前,坦桑尼亚约90%的中小型企业都有电子邮箱。各行业电子商务运用调查显示:贸易21.2%,金融、保险21.2%,交通运输12.1%,制造业6.1%,其他合计39.4%。如果综合比较商业交易过程中企业各种通信方式采用频率,就会发现:面对面方式约58%,传统邮件14%,电话、传真10%,电子邮件9%,其他9%。这说明,传统的非电子方式(总计91%)在企业经营中仍然起决定性作用。与电子通信占有率相同,目前,坦桑尼亚约有45%的企业采用拨号上网,39%的企业采用无线上网或租用服务器上网。其中,97%的企业运用互联网发送电子邮件,33%只进行一般的网络搜索。在大众传播方面,除传统宣传方式外,坦桑尼亚约有68%的企业建立了自己的网站。其中,约50%的企业网站是自己设计方案,然后由第三方进行制作,这说明,网站制作商机仍有极大的挖掘潜力。根据现有情况看,大多数网站内容简单,企业内部缺少IT技术人员和技术支持。由于坦桑尼亚IT基础建设不完善,网站制作商业化不成熟,即使在已建立网站的企业中,也有70%的网站需要由企业自己管理、维护和更新。此外,尚未建立网站的企业中约有80%表示希望尽快建立。与电子商务运用相联系的另外一个要点是,企业的市场定位取向。现有约54%的企业表示,他们的市场目标主要定位在本国,约27%的企业面向世界,另有8%和11%的企业市场范围集中在东非共同体和南部非洲发展共同体。坦桑尼亚85%的企业根本没有从事过网上交易,只有15%的企业曾经或经常网上交易。

（4）塞内加尔

在塞内加尔,通过聚合了当地30多家电商平台的用户网购数据,从用户属性、购物行为等方面呈现了该国电子商务发展现状。

① 在用户属性上,关于用户活跃度方面,年龄介于25～34岁的最为活跃,18～24岁以及35～44岁年龄段的用户紧随其后。业内人士分析,出现

这一现象的原因主要是由于 25～34 岁年龄段的用户处于科技变革时期，且他们更需要通过网络平台进行买卖交易来提高生活质量。从用户性别方面看，男性用户占网购人数的比例为 58.5%，高于女性。地理位置方面，首都达喀尔的用户占总数的 61%，远高于其他地区。

② 在购物行为上，与目前全球的流行趋势相反，移动端购物在塞内加尔只占有小部分市场，数据显示，PC 端的交易量占交易总量的 80%，而选择通过移动端和平板电脑购物的用户分别占比 16.7% 和 3%。业内人士称，用户更习惯通过后者获取信息，之后在 PC 端下单购买。据商务部数据，2015 年，非洲和中东整体电子商务量仅占世界电子商务量的 2%。而在这片蓝海中，塞内加尔屡获青睐。2014 年 9 月，法国电商 Cdiscount 上线塞内加尔站；2015 年 1 月，塞内加尔在非洲 7 个有利于电子商务发展的国家中位居首位。

（5）卢旺达

据联合国国际贸易中心（ITC）卢旺达代表处一项调查结果显示，在卢旺达仅有 27% 的基加利市民进行网络购物。尽管卢旺达电子商务交易仍然非常落后，但卢旺达社会普遍对发展前景感到乐观，主要原因是互联网在卢旺达日益普及（普及率已达 47.8%）以及卢旺达政府出台多项促进政策。卢旺达政府与中国阿里巴巴集团合作建设世界电子贸易平台（eWTP）是其中一项重要举措，这为卢旺达中小企业进军国际市场打开了机会之门。此外，卢旺达政府还与 ITC 合作实施"使能卢旺达电子商务未来"项目，着眼于卢旺达中小企业网络营销能力建设，并通过发展本地交通物流网络促进货物流通，力争到 2019 年底将运用电子商务的中小企业数量增加至最少 150 家。网络社交媒体的蓬勃兴起将为卢旺达电子商务发展提供新动能，卢旺达政府与私营部门的合作项目也将发挥有力促进作用。通过物流、支付与网站的正规化，解决非正常渠道货物贸易问题，同时必须大力推动电子商务创业，为此目前卢旺达政府正与所有的利益相关方进行合作，建设使能生态系统，发展数字经济。

6.3 跨境电子商务合作概况

6.3.1 中国与非洲跨境电子商务合作现状简介

（1）中非经贸合作区不断增多

境外园区可视为国内企业市场运作的海外场所，国内跨境贸易企业可以在园区内对经营管理进行调整与管理，利用园区的各项优惠政策，有效减少企业之间、企业与用户之间的沟通时间。在中非跨境贸易发展的新阶段，中国采取各项积极措施深化中非经贸合作，既注重开展经济外交，又持续进行境外园区建设，提高了中国产品进入当地市场的便利度。现阶段，中国参与的中非境外经贸合作区分别为中埃·泰达苏伊士经贸合作区以及埃塞俄比亚东方工业园等。

（2）非洲地区海外仓建设加快

在海外仓模式下，国内企业往往借助不同运输模式将商品运至相关国家，随后将其存储到相应仓库中。海外仓的设立还能有效刺激跨境购物需求，促使当地消费者能够获得更加全面高效的购买体验。伴随中非跨境电子商务向纵深发展，以电子商务自检海外仓以及第三方海外仓为代表的跨境电子商务物流模式极大促进了当地物流的发展，不仅降低了跨境物流过程中的风险，还有效提升了商品流转效率，使产品能够满足大多数消费者需求，为提高跨境电子商务售后服务质量创造了良好条件，也为提升跨境电子商务企业国际竞争力奠定基础。

（3）中非移动支付领域合作升级

近几年，中国针对跨境支付业务推出了各项激励措施，同时鼓励中国互联网支付领域企业加强与非洲企业合作，为中非移动支付领域合作升级创造了政策环境。早在2016年，腾讯就在南非地区布局微信支付业务，通过钱包服务实现了中国互联网企业进军国际市场的新突破，这也标志着中国互联网企业成功打开非洲市场。非洲注册用户通过钱包服务能够享受诸多服务,包括日常购物、转账以及支付等。2017年支付宝也正式与南非移动支付科技公司展开合作,随后华为也与非洲企业进行合作,根据非洲地区电信发展状况,开发了与之高度匹配的移动支付解决方案。2018年,中国银联为推动中非跨境支付发展,与南非标准银行达成共识,通过协议的形式规定标准银行持卡者或者网银使用者,均能在与中国银联合作的互联网支付平台使用快捷支付功能,在一定程度上减少了外汇兑换的流程。非洲人民对互联网移动支付,特别是跨境支付的认可度明显提升,这意味着非洲人民深受互联网思维的影响。另外,中国与非洲也在科学技术领域深入合作,持续优化中非跨境移动支付体系,进一步扩大电子支付在非洲消费者中的影响力,进而形成科学生态的移动支付环境。

6.3.2　中国与非洲跨境电子商务合作面临困难

(1) 非洲交通、电力等基础设施整体落后

非洲国家和地区经济发展极不平衡,贫富差距明显。国际货币基金组织(IMF) 非洲部部长指出,现阶段撒哈拉以南非洲经济发展主要存在诸多挑战,主要体现在非洲各国普遍基础设施建设较为落后,部分贫困国家的民用或者工业用电仍然无法得到满足。此外受限于交通基础设施落后,发展跨境电子商务所必须的物流体系无法搭建完成,容易导致各个物流环节严重脱节,影响跨境电子商务购买体验。另外,电子基础设施也会受到地区冲突影响,使得非洲宽带费用上涨,给跨境电子商务发展带来不利影响。

(2) 非洲政局不稳定导致民众对电子商务的信任感不高

非洲政治局势持续动荡严重影响外界对该地区经济发展的信心,跨境电子商务需要交易双方建立互信,并且在跨境物流环节需要消费者或者商家备注真实信息,才能确保商品的送达时间。对富裕阶层而言,其看重个人隐私,担心信息外泄会给自身带来的安全风险;而对于普通阶层而言,由于其对商

家信誉持怀疑态度，因此往往拒绝在线支付。因此，现阶段非洲电子商务仍然以货到付款为主，显著提高了跨境电子商务的交易成本。

（3）非洲电子商务人才缺口严重

中非贸易的日趋频繁以及跨境电子商务的高速发展，给电子商务人才的培养和挖掘提出更高要求。传统外贸、境内电子商务与跨境电子商务具有本质区别。传统外贸并未涉及电子商务知识的学习与运用，外贸实务专业无法适用线上操作要求，而电子商务专业学生虽然能够处理一般性电子商务操作任务，但由于其未系统学习国际贸易专业课程，实操效果仍不理想。因此需要跨境电子商务贸易专业来培养与挖掘兼具电子商务和贸易专业知识的复合型人才，并系统学习与电子商务平台操作有关的知识。对于跨境仓储以及支付等，还需要对非洲不同地区文化以及法律具备基本认知。因此无论是非洲还是中国，都对专业化的跨境电子商务人才具有巨大需求。

6.3.3 中国与非洲跨境电子商务合作提升途径

（1）应加强国内跨境电子商务企业和当地电子商务企业合作

非洲本土电子商务正保持着高速发展态势，在非洲电子商务市场具有较大影响力。因此中国电子商务企业应积极与本土电子商务企业开展合作，依托其现有优势，提升企业在非洲市场的行业影响力。中国企业可采取多种方式与当地电子商务企业开展合作，比如借助参股以及业务整合等形式，向非洲本土电子商务企业提供资金支持和技术支持，并为其建立专业化的人才培养机制。而中国电子商务企业通过上述合作模式能够快速锁定目标客户群体，培育种子用户，提升自身品牌在当地的影响力。以阿里巴巴等中国电子商务企业为例，可对非洲电子商务市场进行综合评估，根据跨境电子商务贸易便利化指数筛选潜力市场，比如加纳以及南非等。与其开展跨境电子商务贸易，并实时关注电子商务企业发展情况，运用多种谈判策略促成合作，进一步巩固跨境电子商务合作基础。

(2) 应鼓励民间资本加强对非投资

在推动基础设施建设过程中,引导私营部门参与能够丰富投资主体,在一定程度上能够有效缓解非洲政府的财政压力,使参与各方能够优势互补和资源共享,降低了项目投资的风险。世界银行相关数据表明,当前非洲基础设施投资规模约450亿美元,而公共部门投资额超过50%。非洲经济的持续发展需要完备的基础设施作为支撑,现阶段制约非洲基础设施建设的瓶颈在于资金缺乏。因此有效引导私营部门参与公共基础设施建设,能够有效推动基础设施建设,缓解基建资金不足带来的财政压力。由此可见,中国应采取各项措施,鼓励民间参与对非投资,给予相关企业税收优惠或者补贴,促进民间资本流向非洲基础设施建设。对于非洲国家而言,应不断调整和完善资本运作机制,充分利用本国或者国外民间资本,保证资金能够投向基建领域。

(3) 应注重人文关怀,走本土化发展路线

非洲由于地缘政治和局部冲突的影响,其跨境电子商务发展相对滞后,这使得移动支付的占比较低,影响了市场的开拓和巩固;解决用户信任问题是发展跨境电子商务的首要任务。因此跨境电子商务应将人文关怀置于突出地位,引导消费者提升对自身品牌的认知。另外,跨境电子商务还需加强商品质量的监督与管理。据相关资料显示,商品质量是非洲消费者最为关注的重要内容之一。非洲电子商务消费者往往具有较强的经济实力,对商品和服务质量具有更高要求。因此电子商务平台应提升平台入驻门槛,坚决杜绝低质商户的入驻,从商户层面保证产品和服务的质量。同时电子商务企业还需依托非洲当地社会和风俗,打造具有地域性的团队文化和企业文化,并且在人才培养以及产品营销环节融入非洲特色,使电子商务企业能够充分融入当地文化氛围,打造良好的人文交流环境,激发非洲团队参与电子商务平台建设的积极性。只有实现中非文化共荣,才能增强中方和非洲团队的合作意识,使得中非跨境电子商务合作更具人文性。另外,加强与非洲政府的沟通与协调也是促进跨境电子商务合作的重要内容之一,注重产品质量监测,落实合规经营策略才能保证合作的长效性。

第 7 章 中国沿线区域跨境电子商务发展概况

7.1 粤港澳大湾区

粤港澳大湾区，是由香港、澳门两个特别行政区和广东省的广州、深圳、珠海、佛山、中山、东莞、惠州、江门、肇庆九市组成的城市群，是国家建设世界级城市群和参与全球竞争的重要空间载体。2019 年 2 月 21 日，商务部表示要推进跨境电子商务综合试验区，助力粤港澳大湾区建设。发展跨境电子商务，大湾区并非一张白纸，除了香港、澳门两个特别行政区，大湾区所包含的其他九个城市中，有四个城市已经设立了跨境电子商务综合试验区。

7.1.1 香港

香港是全球高度繁荣的国际大都会之一，全境由香港岛、九龙半岛、新界 3 大区域组成。管辖陆地总面积 1 104.32 平方公里，总人口约 730 万人，人口密度居全球第三。

2017年7月1日，《深化粤港澳合作 推进大湾区建设框架协议》在香港签署，国家主席习近平出席签署仪式。2018年3月，香港特别行政区行政长官林郑月娥率领多名政策局局长赴大湾区深圳、中山、珠海三市考察，为落实即将出台的粤港澳大湾区发展规划做准备。林郑月娥分别与深圳市委书记王伟中及中山市委书记陈旭东会面交谈，并参观了中山国家健康科技产业基地和建设中的深中通道及毗邻的翠亨新区。她表示希望有更多香港优势产业落户大湾区，推动大湾区各城市互补发展。

在粤港澳大湾区计划实施后，香港在物流尤其是跨境物流方面也有了较大发展。香港机场在前海湾保税港区启动"深港陆空联运"改革试点项目中，同深圳合作，将出口货物查验、打板理货等服务前置到前海湾保税港区，实现"先查验、后打板、口岸直通"，使深港跨境贸易的时间和成本分别节约1/4和1/3。南沙片区创新"粤港跨境货栈"项目，实现香港机场与南沙保税港区物流园区之间一站式的"空陆联运"，使南沙保税港与香港间物流运输时间压缩1/2以上。

2018年10月，首支京东物流运输车队装载着消费者购买的商品由香港元朗仓出发，经过港珠澳大桥到达珠海后进行申报清关，全程仅用了50分钟。而在以往，商品从深圳皇岗通关，再经虎门大桥到珠海，全程200多公里，需要5个多小时才能通行。《粤港澳大湾区发展规划纲要》中出现了16次"物流"这个关键词，并多次提到"推进粤港澳物流合作发展，大力发展第三方物流和冷链物流，提高供应链管理水平，建设国际物流枢纽"等内容。

7.1.2　澳门

澳门北邻广东省珠海市，西与珠海市的湾仔和横琴对望，东与香港隔海相望，相距60公里，南临南中国海。澳门是一个国际自由港，是世界人口密度最大的地区之一，也是世界四大赌城之一。其著名的轻工业、旅游业、酒店业和娱乐场使澳门长盛不衰，成为全球最发达、富裕的地区之一。

近年来，得益于粤港澳大湾区的发展，澳门的跨境电子商务业务也在不断提升。特区政府经济局2017年推出"跨境电子商务一站式服务",为澳门中小企业提供在线销售、处理订单、货运物流及回收货款等一站式服务,吸引众多中小企业加入。

澳门的电子商务起步虽晚却发展迅速,截至2018年8月,澳门已有69家企业从事跨境电子商务服务,备案产品2 000项,涉及手信、化妆品、保健品、葡萄酒、沙丁鱼、橄榄油等特色商品,累计销往内地货值约6 000万澳门元。易享(广州)跨境电子商务有限公司作为澳门中葡电子商会专门成立的南沙首家澳资跨境电子商务企业,为澳门企业产品销售到内地提供了一站式完整解决方案,涵盖了物流、清关及支付服务。

近年来,特区政府在跨境电子商务发展上主要做了三方面工作:

(1)强化部门间的统筹协调

2015年8月,由澳门经济局牵头,金融管理局、贸促局和澳门电贸股份有限公司(负责电子报关等事务)组成"跨部门推进电子商贸工作小组",致力研究出台电子商务相关措施,支持澳门本地企业通过电子商务平台开拓内地和海外市场,满足澳门本地居民和内地游客对电子支付工具的需求。

(2)加大政策扶持和培训推广力度

2016年初,特区政府将发展电子商务正式列为"促进经济适度多元"的施政重点之一,随后推出"电子商务推动鼓励措施"和"中小企业和青年创业援助计划"等,扶持和鼓励澳门不同行业的企业和青年人利用互联网技术发展电子商务,促进澳门经济的创新发展。

经济局2017年再与内地知名电商合作开办"中小企业淘宝电商培训计划(入门班)",鼓励企业和青年人融入互联网+电子支付的时代发展趋势。2018年经济局加快推广工作,举办了5场电子支付小区讲解会等。目前,经济局正在与金管局协商推动正向扫码支付(省去装机、培训等),以进一步降低成本。

（3）加强电子支付商圈建设

2016年底，在经济局支持和推动下，澳门中区南区工商联会在大三巴牌坊前，举行澳门首个电子支付商圈"蓝色大街嘉年华"启动仪式，在澳门游客最集中的中区（覆盖大三巴街、议事亭前地等）提供免费WIFI服务，协助商户探索、体验互联网+电子支付的线上线下联动推广活动，丰富澳门本地居民和游客的消费体验，活动吸引200多个零售及餐饮商务参与，2017年经济局继续支持地区商会在北区和凼仔建设电子支付商圈，可见成果越来越多元化。

7.1.3 广东

中国（广东）自由贸易试验区于2014年12月设立，涵盖广州南沙新区片区、深圳前海蛇口片区和珠海横琴新区三大片区，总面积116.2平方公里。广东自贸区前海蛇口、横琴、南沙三大片区和粤港澳全面对接，其中横琴新区毗邻港澳，北距珠海保税区不到1公里，东与澳门一桥相通，周边还有香港、澳门、广州、深圳四大国际机场和珠海、佛山两个国内机场。

2017年，广东自贸区对"一带一路"沿线国家累计进出口达1.5万亿元，年增长达14.9%，较全省整体增速高6.9%，广东自贸区成为"21世纪海上丝绸之路"的重要枢纽和全国跨境电子商务的排头兵。

2018年7月，国务院同意在珠海、东莞设立跨境电子商务综合试验区。直到2019年2月3日，珠海跨境电子商务综合试验区才跑通了保税进口业务的第一单。保税进口又叫1210业务，电商平台可以提前从国外采购大量商品，放在国内海关特殊监管的区域，然后再以个人物品的方式送到客户手里，还有一种模式是9610直邮模式。2018年，东莞跨境电子商务进出口370.1亿元，增长133%，总量位居全国第一。两个分属珠江东西两岸的"窗口型"城市，正在跨境电子商务发展上同步开展新探索。2018年全省跨境电子商务进出口759.76亿元，增长72.0%；2017年，全省跨境电子商务进出口441.9亿元，增长 93.8%；2016 年，全省跨境电子商务进出口 228 亿元，增长 53.8%，这几年广东的跨境电子商务进出口规模一直保持全国第一。

中国电子商务发展指数报告显示，多年来，广东省电子商务发展指数与支撑指数均居全国榜首。海关总署广东分署发布数据称，广东在 2019 年的一、二月份跨境电子商务实现 59.7 亿元规模，相比去年同期增长 46.2%。商务部研究院电子商务研究所发布的《我国跨境电子商务发展报告 2019》显示称，广东省的跨境电子商务零售出口清单量在我国 42 个海关关境中排名第 3，跨境电子商务零售进口交易额排名第 1。

在粤港澳大湾区的框架下，未来广东省跨境电子商务发展还会保持高位增长。近年来，作为我国外向型经济最活跃发展最好的区域，在跨境电子商务发展中，广东再次表现出作为全国外贸大省的强劲实力。

广东跨境电子商务连续数年高位增长，离不开这里深厚的发展基础。广东省完整的产业结构、强大的制造业基础，可以为全世界供应物美价廉的各种商品，为跨境出口提供了产品基础。

7.2 长三角城市群

长江三角洲城市群（简称：长三角城市群）以上海为中心，位于长江入海之前的冲积平原，根据 2016 年 5 月国务院批准的《长江三角洲城市群发展规划》，长三角城市群包括：上海，江苏省的南京、无锡、常州、苏州、南通、盐城、扬州、镇江、泰州，浙江省的杭州、宁波、嘉兴、湖州、绍兴、金华、舟山、台州，安徽省的合肥、芜湖、马鞍山、铜陵、安庆、滁州、池州、宣城等 26 市，国土面积 21.17 万平方公里，总人口 1.5 亿人，分别约占全国的 2.2%、18.5%、11.0%。

长三角城市群是"一带一路"与长江经济带的重要交汇地带，在中国国家现代化建设大局和开放格局中具有举足轻重的战略地位，是中国参与国际竞争的重要平台、经济社会发展的重要引擎、长江经济带的引领者，是中国城镇化基础最好的地区之一。长三角城市群经济腹地广阔，拥有现代化江海港口群和机场群，高速公路网比较健全，公铁交通干线密度全国领先，立体综合交通网络基本形成。

《长江三角洲城市群发展规划》指明，长三角城市群要建设面向全球、辐射亚太、引领全国的世界级城市群。建成最具经济活力的资源配置中心、具有全球影响力的科技创新高地、全球重要的现代服务业和先进制造业中心、亚太地区重要国际门户、全国新一轮改革开放排头兵、美丽中国建设示范区。

7.2.1 宁波

2018 年宁波市累计实现跨境电子商务进出口额 1 093.66 亿元（166.11 亿美元），同比增长 76.97%。宁波海关放行跨境电子商务网购保税进口申报清单 8 478 万票，同比增长 86.9%，商品价值总额达 143.7 亿元，同比增长 83%，进口额继续居全国首位。

2019 年 1 月，宁波保税区跨境供应链管理与结算科技平台（简称跨境结算科技平台）上线仪式在保税区举行。同时，易企融资系统当天在该平台实现首发。跨境结算科技平台是由宁波保税区跨境供应链管理与结算科技有限公司为主搭建，该公司由宁波保税区管委会作为主发起人之一发起设立，是一家为跨境贸易提供数字金融解决方案的数字贸易金融服务机构，成立于 2018 年 9 月，注册资本 1 亿元。跨境结算科技平台旨在利用大数据、云计算、区块链等新兴技术，通过跨界资源整合和服务创新融合，为跨境贸易提供数字金融解决方案。平台从中小微企业最基本的融资需求服务入手，其首发的易企融资系统，打造专注服务中小外贸企业金融服务的撮合交易平台，为企业定制个性化融资解决方案。

跨境结算科技平台还将通过发挥资源发掘整合、跨界协同联合、科技金融聚合和引领创新融合四大核心竞争力，打通跨境银联结算科技通道，建立保税区跨境贸易结算标准化服务通道，集聚区块链、云计算和大数据的领先技术，建立起"一带一路"跨境贸易结算科技体系，成为"一带一路"跨境贸易领域里的"数字银联"，全力打造宁波数字贸易综合服务平台。

7.2.2 上海

跨境电子商务现在越来越普及，上海自贸区在进行制度创新的同时也在不断地推进功能创新。结合区域的特点，多种模式推动跨境电子商务运作力度，使得新兴的跨境电子商务模式增长迅猛。

2018年，中国跨境电子商务交易规模达9.1万亿元，而自2013年起至2017年，中国跨境电子商务年复合增长率高达26%，渗透率则从2013年的12%上升到2017年的29%。过去，周期长、转运贵一直是海淘族的痛点。对此，上海自贸区为跨境电子商务业务发展提供了一系列低关税税率等优惠政策，特别是有了保税仓后，海货出仓后直接可在境内配送和清关，至少能减少一天的转关环节，物流成本相比直邮降低90%。

直购进口需要拼速度。为支持跨境电子商务发展，上海海关推出"清单核放、集中纳税"通关模式。一笔直购订单确认并成功支付后，电子商务企业、物流企业、支付企业就分别向上海跨境电子商务公共服务平台发送"订单、物流单、支付单"三单信息，比对无误后，系统便生成申报清单向"海关跨境电商通关管理系统"申报。得益于智能系统的自动判别功能，对于"低风险"申报清单，海关在核扣税款保证金后，实施自动放行。值得一提的是，尽管在报关时，每个申报清单对应一个包裹，但这些清单和包裹可积累到一定数量再缴税。电子商务企业可自包裹放行之日起的第31～45天内，集中向海关申请汇总缴款书，极大方便了企业。上海海关现已成功完成直购进口模式退货测试，退货商品在放行之日起30天内，可原装运抵原来的监管场所并申请退货。眼下，上海海关正积极探索网购保税进口模式的退货流程。目前，上海口岸直购进口生态圈正形成口碑效应，以2017年为例，上海海关共监管跨境电子商务进口订单1 643.7万单，涉及金额36亿元，同比增长45.2%和66.3%。其中，直购进口模式订单535.4万单，涉及金额16.2亿元，同比增长 144.8% 和 89.6%。

7.2.3 杭州

2015 年 3 月，国务院批复同意设立杭州跨境电子商务综合试验区。作为国内首个跨境电子商务综试区，杭州跨境电商综试区创新建立了"六体系两平台"的顶层设计框架，即信息共享服务体系、金融服务体系、智能物流体系、电商信用体系、风险防控体系和统计检测体系，以及线上"单一窗口"平台和线下"综合园区"平台。该框架体系后续也成为各地跨境电商综试区的规划模板。四年来，杭州跨境电商综试区通过加码完善政策体系，搭建大数据实验室和创新项目展示平台，完成杭州 1.6 万多家外贸企业的信用评分评级，完善跨境电子商务的"系统创新链"，一系列举措让杭州跨境电商综试区提速打造了跨境电子商务的最优生态圈。

据统计，2018 年杭州跨境电商综试区培育年销售超千万美元的大卖家 100 家、跨境电子商务新品牌 52 个，杭州实现跨境电子商务交易额 113.7 亿美元，其中出口 80.2 亿美元、进口 33.5 亿美元，同比分别增长 14.2% 和 14.9%，跨境电子商务占杭州外贸出口的比重达 16.8%。杭州跨境电商综试区的引领效应也带动了浙江全省跨境电子商务蓬勃发展，宁波 2016 年跻身第二批跨境电商综试区榜单，2019 年 1 月义乌成为国内跨境电商综试区唯一上榜的县级市，东阳近日也宣布建设跨境电商孵化园，计划 3 年培育 120 家相关企业。统计显示，2018 年杭州新引进跨境电子商务产业链企业 615 家，企业注册资本超 50 亿元，其中有大量电商平台、智能物流、数字支付服务商，围绕信息流、货物流、资金流等跨境电子商务产业链的服务要素，加快集聚杭州，壮大生态圈。

7.2.4 苏州

2018 年苏州制定实施《中国（苏州）跨境电子商务综合试验区实施方案》。该方案提出：

（1）建立跨境电子商务服务体系和管理机制

进一步建立健全以制造业 B2B 跨境电子商务为主、B2C 跨境电子商务兼顾、保税与非保税相互融合的跨境电子商务服务体系。

（2）建设综试区跨境电子商务"四大中心"

综试区跨境电子商务产业聚集中心、综试区跨境电子商务大数据信息中心、综试区跨境电子商务创新创业中心、综试区跨境电子商务配套服务中心。

（3）打造跨境电子商务通关物流路径

充分发挥苏州港口口岸众多、特殊监管区域集聚、国际邮件枢纽辐射沿江六市等叠加优势，打造近连日本、韩国、中国台湾，远接中东欧及海陆空一体的多维度跨境电子商务通关物流体系。

（4）建立 B2B 跨境电子商务产业链

立足苏州产业特点，通过推动制造企业上线，促进外贸企业转型，从采购、生产、销售端共同发力，打造多元、高效、便捷、低成本的全流程跨境电子商务，推动 B2B 跨境电子商务产业链融合发展。

（5）建立 B2B 跨境电子商务产业生态圈

充分运用综合配套服务与政务数据交互相结合的跨境电子商务服务平台体系，提升跨境电子商务产业国际竞争力，构建可持续发展的 B2B 跨境电子商务产业生态圈。

自 2016 年 1 月获批跨境电商综试区以来，苏州将发展跨境电子商务 B2B 出口作为业务发展的重中之重，鼓励引导本地制造业企业和传统外贸企业通过跨境电商综试区线上综合服务平台 B2B 出口申报通道报关报检，确定了首批 115 家重点企业、15 个重点项目，苏州跨境电商综试区打通线上综合服务平台 B2B 出口通道促进 B2B 出口等方面的经验做法获得商务部等 14 个部门复制推广。2017 年苏州跨境电商综试区线上综合服务平台 B2B 出口突破 10 亿美元，主要出口方向为北美、欧洲、日本等地，商品主要为纺织品、IT 制品等。

目前，苏州跨境电商综试区实现了保税进口 B2B2C、直邮进口 B2C、一般出口 B2C 以及跨境 B2B 出口全模式支持。平台还与东盟"单一窗口"平台成功联调，出口 B2B 业务数据可直达东盟 10 国和印度等国。苏州跨境电商综试区线上综合服务平台正在探索打造全国特殊监管区域一般纳税人服务平台、全国境外游客的退税、跨境电子商务出口一站式平台等延伸发展定位，拓展商业增值服务。

7.3 长江流域经济带

长江流域经济带覆盖上海、江苏、浙江、安徽、江西、湖北、湖南、重庆、四川、云南、贵州等 11 省市，面积约 205 万平方公里，占全国的 21%，人口和经济总量均超过全国的 40%。推动长江流域经济带发展是党中央作出的重大决策，是关系国家发展全局的重大战略。

7.3.1 重庆

重庆市依托两路寸滩保税港区、西永综合保税区、铁路保税物流中心（B型）和南彭公路保税物流中心（B 型），开展跨境电子商务网购保税进口业务，全国性电商平台如菜鸟网络、网易考拉等均在重庆落地配套仓储物流中心，两路寸滩保税港区和西永综合保税区业务量占全市的比重为 93.3%。

2018 年，重庆保税港区实现跨境电子商务交易额 28.11 亿元，同比增长 109.15%，成交订单 1 655 万票，占重庆市同期成交总量的 72.3%。重庆市跨境电子商务进出口及结算额达到 246.56 亿元，同比增长 43.9%。

2019年为进一步加强跨境电子商务发展工作，发展外贸新业态、新模式，优化监管方式，推进外贸进出口协调发展，加快推进重庆市跨境电子商务综合试验区建设，结合当前工作实际，特制定《重庆市进一步加强跨境电子商务发展工作方案》。方案内容包括：

（1）对接争取商务部等国家部委支持

积极向国家有关部委反映地方跨境电子商务发展过程中的难点、问题和企业诉求，争取政策支持。及时跟踪对接跨境电子商务零售进口监管措施过渡期政策，针对关税政策、正面清单、通关单据等方面的变化，做好实施准备工作。积极争取跨境电子商务"海外仓"政策支持。适应消费升级的发展趋势，提高跨境电子商务零售进口商品的单次交易限值及个人年度交易限值。

（2）打造跨境电子商务销售分拨中心

积极建设跨境电子商务园区，集聚龙头企业和上下游产业链企业，优化保税仓储功能，提升物流、仓储、通关服务能力。实现跨境电子商务日均进口单量突破5万单，跨境电子商务保税仓、公共仓等仓储设施面积达到40万平方米。积极推动重点跨境电子商务企业发展放量，推动跨境电子商务产业升级，提升产业集群效应，建设面向中西部地区市场的跨境电子商务销售分拨中心。

（3）加快推进跨境电子商务综合试验区零售出口货物"无票免征"政策落地

加快发展跨境电子商务出口业务，实现进出口协调发展。积极向国家层面争取"无票免征"政策运用于跨境电子商务B2B模式。

（4）优化B2B出口监管流程

加快重庆跨境贸易电子商务出口通关系统与海关总署统一版的数据对接，推动实现跨境电子商务出口业务"本地报关、异地放行"功能的开发和运行。

(5) 争取跨境电子商务 B2C 进口线下快速配送业务试点

推动实现跨境电子商务商品快速配送及现场提货。

(6) 争取跨境电子商务宠物食品进口试点政策

向海关总署申请宠物食品进口试点政策，拓展进口销售模式，丰富商品品类。

(7) 实现跨境电子商务零售进口监管精准服务

细化跨境电子商务货物进口入区"理货、报关、改单、转区、出区、退货"等环节全流程操作指南。依托"7×24 小时""先理货，后报关"等通关便利化措施，提高通关效率。

(8) 建设重庆跨境贸易电子商务公共服务平台辅助数据库

以平台技术为依托，对接主要跨境电子商务出口平台企业，采集与重庆市贸易企业相关数据，采集邮包、快件数据，为有关部门及开放平台开展跨境电子商务工作提供统计数据和决策参考。

(9) 提升重庆跨境贸易电子商务公共服务平台运维质量

修订细化跨境电子商务公共服务平台作业流程，加强宣介及案例、问题答疑。根据业务发展实际，提高数据交换系统承载容量。完善应急响应服务，落实专人做好"六一八""双十一"等促销活动期间的系统压力测试、维护和问题响应，为企业解决系统支持的后顾之忧。

(10) 营造行业发展的良好氛围

培育一批跨境电子商务外贸综合服务平台，为行业发展提供运营策划、创业孵化、支付结算、物流金融等综合服务。成立重庆市跨境电子商务协会等中介机构，促进行业自律，增强行业凝聚力，打造适应企业发展的跨境电子商务生态圈。

7.3.2 成都

随着传统外贸增长乏力，四川的外贸企业也开始逐渐转型，进入跨境电子商务领域。2014年四川省在成都双流启动跨境电子商务基地建设，具备零售出口和保税进口两大基本功能。成都海关建"跨境通"平台，它是四川省开展跨境电子商务的基础性平台；四川省外汇管理局等积极推动有条件的企业向国家外管局申请跨境电子商务支付牌照。

从最初的只有个别具有超前意识、市场敏锐度的企业或个人卖家尝试，到如今已经有年销售额三四千万的企业，四川跨境电子商务业务增长迅速，以家居园艺类零售出口为例，通过Ebay平台五年内增长了12倍。同时，为解决信息不对称、资源分散的问题，以成都为代表的众多与跨境电子商务相关的从业人员实施抱团发展，成立了西南地区第一个跨境电子商务联盟——蓉亿会，通过联盟的形式，整合优势资源，在跨境电子商务蓬勃发展的整体氛围中，实现共赢。成都双流机场作为内地航空继北上广之后的"第四城"，是中西部地区拥有国际（地区）航线最多的城市。从成都到波兰的"蓉欧快铁"也在常态化平稳运行。目前已建成成都空港、泸州港、成都铁路保税物流中心（B型）的水陆空保税物流中心。立体化的物流网络是跨境电子商务发展的必要条件之一，随着"一带一路"建设的深入和"境内关外"的保税物流中心政策实施，将助力四川跨境进出口货物高效流通。

2018年6月，成都市出台《关于加快构建国际门户枢纽全面服务"一带一路"建设的意见》，明确提出"实施新外贸发展计划"，而打造全球跨境电子商务服务资源中心正是其中的重要内容。成都在2018年出台了跨境电子商务"三年行动计划"，围绕未来3年外来企业的招引、本土企业的培育和营商环境的打造，从六个方面出台了21项具体的措施。数据显示，2017年，成都市跨境电子商务交易规模超50亿元，增长约117%。2018年前9月，成都市跨境电子商务交易规模已超过80亿元，同比增长128%。2018年全年跨境电子商务交易规模超110亿元，同比增长120%。而这也是自2016年中国（成都）跨境电子商务综合试验区获批以来，实现第三年100%以上增长。

7.4 京津冀城市群

京津冀城市群是中国的政治、文化中心，也是中国北方经济的重要核心区。京津冀城市群的概念由首都经济圈发展而来，包括北京、天津两大直辖市和河北省的保定、唐山、廊坊、石家庄、秦皇岛、张家口、承德、沧州、衡水、邢台、邯郸、定州、辛集和河南省的安阳。其中北京、天津、保定、廊坊为中部核心功能区，京津保地区率先联动发展。以建设京津冀世界级城市群为引领，遵循城市发展规律，转变城市发展方式，优化城市空间布局，完善城市治理体系，改善城市生态环境，创新城市管理体制，不断提升城市环境质量、人民生活质量和城市竞争力，努力打造富有活力、和谐宜居、各具特色的现代化城市，走出一条具有中国特色的城市发展道路。

7.4.1 北京

北京作为全国的政治、文化、国际交往及科技创新中心，将以疏解非首都功能、缓解"大城市病"带来的环境、资源、交通等问题为目标，做好城市总体规划的实施、抓好副中心城市的规划建设，扎实推进京津冀协同发展，有序推进疏解整治促提升行动。因此，《跨境电子商务综合试验区建设实施方案》围绕北京城市发展目标和城市定位，通过建设服务、创新、产业、消费枢纽，打造首都新的经济增长点，提升开放型经济发展水平。

（1）探索跨境电子商务进口药品试点

国内患者对进口医药需求巨大，但国外医药产品通过跨境电子商务渠道进口遇到诸多政策障碍和难题。北京跨境电商综试区提出探索利用跨境电子商务渠道进口医药产品，体现创新的前瞻性和引领性。

（2）探索跨境电子商务零售进口超限额商品转为一般贸易

市场上已经形成微商（S2B2C）等的销售模式，但受限于跨境电子商务零售进口不准二次销售的规定，一直游离于监管之外。因此，监管部门应尊重市场发展需求，采取包容的态度给予支持。

（3）政府首次提出运用区块链技术提升跨境电子商务物流和质量安全保障

区块链技术具有分布式和不可篡改性，对提升跨境电子商务运营服务场景有着重要支持作用，北京作为全国科技中心，该技术的应用体现对新技术发展的支持和尊重。

（4）发展"网购保税＋线下自提"模式

北京跨境电商综试区提出网购保税凭保出区并在线下体验店展示交易，保税＋免税共同发展，可有效满足消费者便捷购买国外商品的需求。

（5）实行核定征收跨境电子商务出口企业所得税财税制度

在杭州、郑州跨境电商综试区"出口企业所得税无票采购成本税前扣除"政策创新的基础上，实行核定征收企业所得税，体现了对跨境电子商务中小微企业支持态度。

（6）完善京津联动机制，打造海运货物进出口快捷通道

实现京津协同发展，探索多式联运和一单到底。

北京跨境电子商务发展环境正不断优化。天竺保税区、亦庄保税物流中心以及京东、阿里巴巴等电子商务企业均在合力优化北京跨境电子商务发展环境。目前，北京是全国唯一的服务业扩大开放综合试点城市，已形成68项全国首创或效果最优的开放举措。据了解，北京已建成6个跨境电子商务监管场所、11家跨境电子商务产业园、50余家跨境电子商务体验店、70余个海外仓，形成了较为完善的跨境电子商务服务支撑体系。设施优势为在京发展的跨境电子商务企业提供着"硬件"条件。2019年开始，北京对跨境电子商务零售进口清单内商品实行限额内零关税、进口环节增值税和消费税按法定应纳税额70%征收基础上，进一步扩大享受优惠政策的商品范围，新增群众需求量大的 63 个税目商品，享受税收优惠政策的商品单次交易限值由目前的 2 000 元提高至 5 000 元，年度交易限值由目前的每人每年 2 万元提高至 2.6 万元。北京海关近期新推出了"闪购"监管模式，让市民"秒杀"的进口商品通关效率缩短到了最快 58 秒。

7.4.2 天津

作为跨境电子商务试点城市，随着中国（天津）跨境电子商务综合试验区建设的深入推进，天津发展跨境电子商务的优势日渐凸显，在综合改革、便利化水平、跨境交易水平等方面走在了全国前列。截至目前，网易考拉、天猫国际、京东全球购、唯品会、小红书、苏宁易购、亚马逊等跨境电子商务行业巨头均已落户天津市，多个跨境电商集聚区也已初具规模，跨境电商保税仓面积超过 30 万平方米，天津市已备案各类跨境电子商务及支付、物流等相关企业超过 300 家。此外，天津市还建成一套汇集商务、通关、支付、物流、大数据等各类服务于一体，便捷高效的跨境电子商务综合服务平台，日处理单量峰值超过 100 万单。

依托港口优势和自贸区政策创新，天津东疆保税港区逐渐发展成为华北跨境电子商务产业聚集地。借助在华北地区首次投入使用的大型自动化仓储设备，天津正努力提升物流业水平，促进跨境电子商务产业快速发展。

在通关方面，天津海关试点了关税保证保险，正在向全国推广。在这一模式下，进口企业为投保人，海关为被保险人，如果投保人未能在规定期限缴纳税款，保险公司将按约定赔偿税款及滞纳金。

据统计，2018 年天津市全市跨境电子商务共计进口 1 966.9 万单，同比增长 325%，保税进口入区货值 46.37 亿元，同比增长 288%，进口销售额 29.34 亿元，同比增长 155%，天津已成为中国北方最重要的跨境电子商务口岸。与此同时，天津港保税区 2018 年交易单量突破 1 100 万单，占天津市跨境电子商务整体单量的 60%，交易额达 15 亿元。

7.4.3 石家庄

2017年,石家庄海关采取有效措施推进通关流程"去繁就简",完成了压缩货物通关时间1/3的目标;"双随机、一公开"改革进一步深化,覆盖了海关总署清单明确的所有领域和事项;"互联网+海关"一体化平台1.0版主体框架搭建完成,上线推广21个项目,实现了让数据多跑路,群众少跑腿;国际贸易"单一窗口"标准版在全省推广,报关覆盖率达到40%以上。在深入推进"放管服"改革方面,在重点企业实行企业协调员制度,彻底清理进出口环节涉企收费,全面退出经营服务性收费项目,为企业创造了更优质的营商环境。全年为企业审批减免税款5.32亿元,增长45.83%。

2018年,石家庄海关积极为承接北京非首都功能产业转移做好服务。开展加工贸易及保税物流创新政策研究,支持河北与京津进行高层次产业转移对接,推动廊坊跨境电子商务重点项目建成运营,推进北京新机场临空经济区等重点园区建设,支持张家口打造可再生能源示范区和冰雪产业园,为河北承接京津产业转移搭建更多优质平台。

推进深度融入"一带一路"建设。支持曹妃甸港依托中蒙俄经济走廊建设,将腹地拓展至中北亚、欧洲地区,建成河北陆海内外联动、东西双向互济的重要支点。支持环渤海各港口开辟集装箱航线,增开外贸内支线。支持沿海临港经济区建设,推进沿海经济带高质量发展,扩大对外开放。支持石家庄、保定等市继续开通冀欧班列,推动河北内陆地区融入"一带一路"建设。

7.5 东北—蒙东经济区

东北—蒙东经济区包括黑龙江省、吉林省、辽宁省以及内蒙古自治区东部的呼伦贝尔、兴安盟、锡林郭勒盟、通辽、赤峰等五盟市地区,是国务院《东北地区振兴规划》的规划范围。

7.5.1　黑龙江

近年来，发展跨境电子商务等贸易新业态正成为推动外贸高质量发展的重要举措。黑龙江省商务厅紧抓哈尔滨市成为跨境电子商务综合试验区试点城市的机遇，不断完善工作机制，加快推进综试区建设，"一园四区"发展模式基本形成，为推动跨境电子商务健康发展探索了新经验、新做法。哈尔滨跨境电商综试区重点打造了以保税备货进出口为特色的哈尔滨综合保税区，以开展对俄直邮出口和北美直邮进口业务为特色的中国北方跨境电子商务物流中心，以发展北美保税进出口业务为特色的哈尔滨空港跨境电子商务物流园和以对俄跨境供应链业务为特色的道里区新经济产业园等"一区四园"模式，目前已有近50家各类跨境电子商务企业入驻园区。

哈尔滨综合保税区重点谋划建设了管理运营、国际贸易综合服务和跨境电子商务三大平台，通关服务中心、口岸作业区、保税物流区、保税加工区、商务展示中心五大功能区建设已经取得阶段性成果。自2018年初至2019年2月末综保区驻区企业累计实现进出口额3 070.37万美元，实现工业总产值2 486.67万元，完成海关税收及代征税343.74万元。

为促进进出口直邮业务发展，哈尔滨跨境电商综试区积极建设中国北方跨境电子商务物流中心，大力推进对俄直邮出口和北美直邮进口配送业务，着重建设对俄跨境电子商务物流通道。自2013年哈尔滨对俄跨境电子商务航空物流通道正式启动运营以来，通道以时限快、运能强、服务优在业界树立了良好的品牌形象，有效解决了全国对俄跨境电子商务的物流瓶颈，取得了显著成效。为执行国家"互联网+""一带一路"建设，哈尔滨市按照"跨境电子商务平台+外贸综合服务+国际物流口岸"相融合的新型第三代物流园模式规划建设了空港跨境电子商务物流园区。物流园较好地实现了航空货运与物流功能区的无缝对接，未来将形成连接欧亚、牵手北美、通达世界的立体式综合交通枢纽。园区充分整合四大电子商务运营模式，为跨境贸易主体提供全体系、全过程一条龙服务，形成了全国对俄跨境电子商务创业创新中心、对俄跨境电子商务服务中心和对俄跨境电子商务大数据中心。此外，以对俄跨境供应链业务为特色的道里区新经济产业园，现签约入驻企业达 21 家，累计注册资本 17.62 亿元。通过入驻企业自身孵化培育及吸引上下游合作企业达 70 余家，涵盖大数据、对俄跨境数字贸易、供应链金融、跨境电子商务孵化器、现代物流、现代农业、人工智能、新能源等新经济产业领域，初步形成了多点支撑、多业并举、生态集聚的新经济发展格局。

7.5.2 吉林

吉林省占据地缘优势，是我国面向东北亚开放的重要门户和东北亚经济技术合作的重要平台。吉林省由于没有出海港口，受这个地理位置的影响，加上经济基础条件和产业结构等因素的影响，吉林省对外贸易的整体水平和质量不是太高。多年来，吉林省一直大力发展开放型经济，采取各种措施全面提升对外贸易的质量和水平。跨境贸易电子商务，这种新兴贸易形式不依赖于出海口，它更加关注于是否有较好的地理位置优势，是否有较好的物流运输优势，是否有较好的政策支持，有了这些，跨境电子商务会得到较快的发展。吉林省可以充分发挥长春兴隆综合保税区功能和优势，开展跨境贸易电子商务，开展对俄罗斯、日本、韩国的进出口贸易，促进吉林省外贸进出口的进一步繁荣。当前，吉林省的跨境电子商务发展状况如下。

长春市政府在 2014 年 2 月 24 日向海关总署行文，希望长春成为国家跨境贸易电子商务服务试点城市，希望以长春兴隆综合保税区为跨境贸易电子商务核心平台，开展对俄罗斯、日本、韩国跨境电子商务相关业务。海关总署在 2014 年 5 月 4 日下发文件，同意长春市开展跨境电子商务试点工作。吉林省长春市确定以长春兴隆综合保税区为载体，发挥综合保税区政策优势，积极开展吉林省跨境贸易电子商务。

吉林省与阿里巴巴集团在 2014 年签署战略合作协议，开始了跨境贸易电子商务产业建设，建立跨境贸易电子商务运输通道，运输通道包括陆海空等形式的全方位的电子商务运输通道。吉林省长春兴隆综保区的跨境电子商务在 2015 年，实现货物出口 270 万票，货值达到 1.3 亿元，这个业务量，在海关正规监管系统试点城市中，位居全国第三。

2016年吉林省以阿里巴巴国际站为主的跨境电子商务平台新签贸易额和以长春兴隆综保区为主的企业对个人跨境电子商务交易额已超过10亿元。截至2016年，吉林省企业通过阿里巴巴国际站开展业务的数量达到近200家，通过跨境电子商务实现的新增出口额大约3 500万美元。2016年吉林省政府下发了《关于促进跨境电子商务发展的实施意见》，指出吉林省将通过一边引进，一边培育的方式，全面建成"跨境电子商务线上平台＋跨境电子商务线下产业园区＋跨境电子商务物流运输通道＋跨境电子商务综合服务平台＋跨境电子商务海外仓＋跨境电子商务人才培育机制＝跨境电子商务全产业链生态圈"的整体跨境电子商务发展框架，营造吉林省跨境电子商务发展的良好环境，让吉林省更多企业能够运用跨境电子商务这一全新方式开拓国际市场，这意味着吉林省外贸正式步入跨境电子商务时代。

2015年至今，阿里巴巴、顺丰、申通等14家国内外知名电子商务企业及物流企业落户长春兴隆综保区。吉林市积极引导工业企业做活跨境电子商务业务，扶持了耐兰特对俄电子商务平台、吉林化纤外贸电子商务平台等一批地方外贸电子商务，引导外贸企业与天猫国际、易达通等平台合作，开展对俄地区业务，拓展进口商品国内销售渠道。2017年1月省商务厅举办"首届吉林省跨境电子商务峰会"，在阿里巴巴国际站建设国内首个省级跨境电子商务专区，推动170多家企业上线。推动长春兴隆综保区海外仓和"吉林省进口商品展示、交易、批发中心"项目建设。依托综保区，完成全省电子口岸及跨境电子商务平台建设，业务辐射190多个国家和地区，对俄跨境电子商务货运包机运行100架次。以上软硬件措施使吉林省对跨境电子商务取得了前所未有的发展机遇。

7.5.3 辽宁

近年来，随着互联网经济及电子商务的快速发展，辽宁省跨境电子商务取得了一系列成绩。辽宁坐拥包括大连、营口两个国家海运枢纽在内的11个营业性港口，具有全国最密集的铁路交通网和东北吞吐量最大的沈阳桃仙、大连周水子两大国际空运枢纽，是东北地区的重要门户，同时是我国重要的工农业生产基地，良好的产业基础赋予了辽宁先天优势。

辽宁省为推进跨境电子商务的发展建设了诸多特色专业电子商务平台和合作区。2015年5月，辽宁省提出重点建设沈阳汽车及零配件、营口汽保、葫芦岛泳装等10个具有特色的专业电子商务平台，同时营口港与阿里巴巴联手组建全网最大跨境电子商务分销平台——营口港；9月，省政府审议通过《辽宁省发展跨境电子商务工作方案》；11月，全国第一家泳装跨境电子商务平台——中国（葫芦岛·兴城）泳装跨境电子商务平台正式启动。以葫芦岛·兴城泳装跨境电子商务平台为例，该平台有约4000家网店从事电子商务泳装，年销售额达30亿元。2015年，大连正式启动跨境电子商务综合实验区暨中韩贸易合作区，与此同时，辽宁逐渐完善跨境电子商务发展相关政策。2016年1月在大连保税区设立跨境电子商务综合实验区。12月19日，沈阳浑南空港经济区跨境出口首单通关。2017年启用跨境电子商务监管平台，实现了对跨境电子商务商品的快速放行和监管。此外，几家大型跨境电子商务平台相继入驻丹东、鞍山、铁岭等市，其中大连的电子商务发展超过全国平均水平。

2016年初，大连市成为黑吉辽地区第一个、国家第二批跨境电子商务综合试验区城市。2018年沈阳获批成为第三批跨境电子商务综合试验区城市。辽宁省相继培育了诸如出口时代网等超过30个的跨境电子商务新平台，大连、沈阳国家级跨境电子商务综合试验区以及45家跨境电子商务外贸企业。阿里巴巴、苏宁、京东等电子商务巨头进驻辽宁省，在辽宁沈阳、葫芦岛、丹东建立了电子商务平台，也逐渐发展起自己的跨境电子商务平台。

7.5.4 蒙东地区

蒙东城市群中的通辽、呼伦贝尔、锡林郭勒盟、兴安盟和赤峰作为内蒙古东部地区的重要盟市，其经济在整个内蒙古都占据着很重要的地位。而随着互联网经济的发展，跨境电子商务平台对于整个经济的重要性日益提高。

2015年4月3日，商务部办公厅印发《2015年电子商务工作要点》提出，落实"互联网+"行动计划，发挥电子商务拓市场、促消费、带就业、稳增长的重要作用。在《电子商务"十三五"发展规划》中，也强调了要落实电子商务的作用。随后内蒙古自治区政府制定了《内蒙古自治区电子商务发展规划（2014—2020)》，并于2015年6月由内蒙古自治区商务厅牵头开展全区电子商务落实情况的督查督办。

具有集群效应的电子商务产业园，也必然一改个体电子商务公司的势单力薄，成为极具强大合力的区域经济助推体。为此，内蒙古自治区筹建了赤峰蒙东云计算产业园。赤峰蒙东云计算产业园是内蒙古自治区2011—2020年信息产业发展规划的重点项目，是内蒙古自治区信息产业布局的"四朵云"之一。历时近四年的建设，蒙东云计算产业园已建设12万平方米，签约入驻企业40多家，现已具备企业入驻条件，于2015年10月17日正式开园运营。产业园的建成是蒙东盟市经济转型发展的一个新助推器，必为其经济的发展注入一股新的活力。

在提升东部盟市服务业的发展水平上，开展了赤峰红山区国家服务业综合改革试点工作和加快了通辽开发区电子商务产业园、赤峰红山物流园国家电子商务示范基地建设，在综合保税区、跨境经济合作区、互市贸易区建设跨境电子商务平台。赤峰保税物流中心于2015年1月正式封关，是内蒙古自治区首家和目前唯一一家投入运营的B型保税物流中心，具备进口保税、出口退税、保税商品展示交易、国际物流分拨配送等功能，如今跨境电子商务的正式运营，为赤峰地区更好融入"一带一路"，充分利用"互联网+外贸"模式注入了新的活力，有力推动了赤峰市对外开放及外向型经济发展。赤峰保税物流中心跨境电子商务业务的正式开通，为赤峰市乃至蒙东、冀北、辽西地区提供了优质的全球购物平台和高效的物流配送通道，能够让广大消费者按照零关税、70%进口环节消费税和增值税的优惠，充分享受国际商品"货真价实，即购即达"的购物体验。

2015年8月，中国（赤峰）保税商品展示交易中心开业运营暨内蒙古跨境淘电子商务平台正式启动。该中心总投资1 200万元，建筑面积2 400平方米，重点打造保税展示、商品交易、物流通关、渠道拓展和企业服务5大服务功能。在实体店展销的同时，还引入跨境电子商务平台，建设了展示体验区，采取线上交易与线下体验的双驱动营销策略，并与蒙东云计算产业发展中心合作，推动云计算、大数据等高新技术的整合，还与蒙文字库对接，搭建全球首家支持蒙文搜索、蒙文浏览、蒙文购物的内蒙古进口商品展销"第一平台"。

7.6 西部经济带

西部经济带包括西北地区的陕西、甘肃、宁夏、青海和新疆，西南地区的四川、贵州、云南和西藏。

7.6.1 西安

在"一带一路"倡议下，西安作为丝绸之路的起点和新欧亚大陆桥的重要节点城市，发展面向欧亚的跨境电子商务，对于西安加快转变外贸发展方式、促进经济转型升级、提升企业国际竞争力具有重要作用。国家《推动共建丝绸之路经济带和21世纪海上丝绸之路的愿景与行动》明确提出"打造西安内陆型改革开放新高地"，"让古丝绸之路焕发新的生机活力，以新的形式使亚欧非各国联系更加紧密，互利合作迈向新的历史高度"。这就明确了陕西的两张"黄金名片"：古丝绸之路起点，新丝绸之路高地。陕西要实施大开放战略，大规模走出去，高水平引进来，高起点大合作，让古丝绸之路焕发新的生机与活力。

2018年12月，中国（西安）跨境电子商务综合试验区启动仪式暨新闻发布会在西安举行。西安依托西安综合保税区、西安高新综合保税区、西安航空基地综合保税区、西咸空港保税物流中心、西安出口加工区等区域，着力推进跨境出口 B2B 模式，促进进口与出口协调发展。健全完善"两平台六体系"，打造跨境电子商务完整产业链和生态圈。到 2020 年，基本建成产业特色鲜明、配套服务完善的跨境电子商务综合试验区。力争用 3～5 年的改革创新试验，将西安打造成为中西部跨境电子商务产业聚集中心、创新创业中心、综合服务中心，并与"一带一路"沿线国家和地区多点合作，形成具有一定国际影响力的跨境电子商务聚集区和产业示范区。

根据《西安市人民政府关于促进中国（西安）跨境电子商务综合试验区发展的若干政策》，将对经省、市主管部门认定的跨境电子商务产业园区，入驻有业绩的跨境电子商务企业超过 30 家，给予园区运营主体 40 万元一次性资金扶持；入驻有业绩的跨境电子商务企业超过 60 家，给予园区运营主体 80 万元一次性资金扶持。对在西安设立全国性或区域性总部的跨境电子商务企业，落户首个整年度跨境电子商务交易额突破 5 000 万美元、2 500 万美元、1 000 万美元的，分别给予不超过 100 万元、60 万元、30 万元的一次性资金扶持。

对利用第三方电子商务平台开展跨境电子商务、年交易额达到 100 万美元以上的企业，给予在线交易额 1% 的资金扶持，每户企业资金扶持最高 80 万元。对在西安新开设的跨境电子商务 O2O 线下体验店兼直营店、社区店及无人移动 O2O 体验店，经营时间满一年的，按实际投入的装修、场地租赁等费用总额 30% 给予一次性资金扶持，单店扶持金额最高可达 20 万元，每户企业每年扶持总额最高可达 100 万元。

"丝路城"是西安首家"一带一路"沿线国家跨境电子商务平台，由哈萨克斯坦工商联合会和西安丝绸之路电子商务有限公司联合搭建，陕西贝易达现代科技有限公司运营。该平台紧跟"丝绸之路经济带"建设良机，为中亚五国及俄罗斯等国家提供跨境贸易服务。"丝路城"在哈萨克斯坦阿拉木图和卡拉干达建成了 28 500 平方米展示中心和 3 500 平方米海外仓，并对入驻商家提供三年免费入驻海外仓存储货品、免费卖场档口及免费销售地运营托管等服务外，还可享受西安至哈萨克斯坦段免费物流服务。

7.6.2 兰州

2018年10月12日，兰州新区综保区跨境电子商务综合交通物流园项目在兰州新区综合保税区开工建设。该项目总投资7.8亿元，依托兰州新区综保区、兰州国际空港及中川北站铁路口岸优势，大力发展多式联运及国际贸易，实现航、港、区一体化运作，打造"一带一路"甘肃黄金段重要的国际物流枢纽，保障国际物流大通道畅通，促进甘肃及西北地区经济增长发展。

兰州新区综保区跨境电子商务综合交通物流园项目是国家交通部多式联运第二批示范工程建设项目，是甘肃省交通运输"十三五"综合物流园区（货运枢纽）规划项目。园区总占地面积506亩，总建筑规模10万平方米，总投资7.8亿元，将建成2.8万平方米的保税仓储配送区和2.7万平方米的冷链仓储配送区，及2万平方米的散装粮食仓储钢板仓和2万平方米的袋装粮食仓储平房仓。

产业园项目将依托兰州新区投资优惠政策和区位物流优势，搭借"一带一路"中欧班列，利用现代标准化生产技术和先进的管理技术，以原料进口集中采购、国内分区加工、产品统一销售为基本思路，建设集粮油仓储、加工、物流、贸易为一体的资源高效利用、产业链式粮油产业园。辐射带动西部地区粮油加工、物流、运输、服务等相关产业发展，填补区域产业空白，促进本地区乃至西部地区粮油产业协调、稳定、可持续发展。

2019年，甘肃省政府办公厅印发《中国（兰州）跨境电子商务综合试验区实施方案》。该方案提出，甘肃省将依托兰州区位和通道枢纽优势，探索内陆城市跨境电子商务发展新模式，扩大国际国内合作，促进外贸优进优出、转型发展，形成辐射西北、面向"一带一路"沿线国家和地区乃至全球的跨境电子商务发展格局，切实提升甘肃对外开放水平。鼓励各县市区结合本地对外开放平台整体功能布局及跨境电子商务发展现状，突出重点，错位发展，建设一批具有特色的跨境电子商务产业园区，与兰州新区、甘肃（兰州）国际陆港、各类经济开发园区融合发展，打造跨境电子商务产业聚集中心。

充分发挥兰州、武威、天水三大国际陆港和兰州、嘉峪关、敦煌三大国际空港对外开放功能，依托兰州"一带一路"节点城市和通道枢纽优势，支持开通中川机场国际货运定期航线，推进多式联运和空空联运，构建高效通畅的跨境电子商务航空物流通道。在中川国际机场、兰州新区综合保税区、兰州铁路口岸等特定区域和具备条件的区域建设一批跨境电子商务仓储物流中心，提升国际物流货运保障能力；依托流通领域现代供应链体系试点城市建设，引进和培育一批物流供应链服务企业，形成过程可视、无缝衔接、功能齐全、运转高效、辐射西北、连接"一带一路"沿线国家和地区的智能化跨境物流体系。

7.6.3 新疆

据中国电子商务研究中心（100EC.CN）监测数据显示，以 2017 年为例，新疆累计监管跨境电子商务出口货物 56.24 万件，贸易值 387.97 万美元。近年来，随着国家"一带一路"倡议的持续推进，跨境电子商务发展欣欣向荣。新疆作为丝绸之路经济带核心区，具有开展跨境电子商务的先天优势。乌鲁木齐海关结合新疆开展跨境电子商务业务的环境和特点，不断完善铁路运邮海关监管流程，推动国际铁路运邮常态化。

2018 年，海关将推进进口保税备货模式跨境电子商务业务，吸引通过"渝新欧""郑新欧"班列运输的中西欧产品在乌鲁木齐备货，货物以中西欧食品、药妆、奶粉、家居用品、中亚国家农副产品等为主，通过欧亚铁路运输至新疆境内保税仓，利用从乌鲁木齐联结全国各省省会城市的便利空运网络，实现跨境电子商务 48 小时送达国内消费者手中的目标。此外，乌鲁木齐海关还将依托国际邮联强大的通关能力，将新疆跨境电子商务平台散布在全国的服务网点聚合起来揽件，通过汽运或空运模式，把包裹快速发运至俄罗斯及东欧国家，帮助企业进一步拓展出口市场。

2014 年，阿里巴巴集团与新疆签署战略合作协议；2015 年，唯品会在乌鲁木齐建新疆运营总部；2016 年，猪八戒网落户乌鲁木齐。2017 年，新疆全面推进电子商务进社区和跨境电子商务,通过一个窗口达到通关一体化,为电子商务发展和消费者带来极大的便利。目前新疆的电子口岸已建设完成,下一步将要建立跨境电子商务的电子服务平台,为更多跨境电子商务企业提供服务。依托霍尔果斯、喀什等特区、口岸,大力发展外贸服务业,使新疆尤其是乌鲁木齐成为跨境电子商务的物流中心、人才中心、交易中心、结汇中心和服务中心。

中国跨境电子商务发展报告
（2018—2019）

第 8 章　企业跨境电子商务典型案例

2018 年以来，我国政府相继出台了一系列的强有力政策，加快跨境电子商务等新业态模式的创新发展，跨境电子商务行业也进入了健康、快速发展的新时期。2018 年以来，跨境电子商务平台之间的竞争逐渐由原来的销售竞争向供应链竞争转变。跨境电子商务出口企业纷纷开始自建独立网站，通过独立网站的方式将产品及服务卖给消费者。跨境电子商务进口企业获得资本关注，纷纷在线下布局实体店，抢占新零售、新消费，旨在突破时间和空间的束缚，提升消费者即买即用的购物体验。根据艾媒咨询数据显示，2018 年中国跨境电子商务交易规模达到 9.1 万亿元，2019 年达到 10.8 万亿元。

2018 年 11 月"中国国际进口博览会"举办以来，进口跨境电子商务的发展势头也越来越明朗。本章选取近年来我国各地的新兴企业跨境电子商务案例，从企业的基本规模、跨境电子商务的运营模式和未来发展等方面进行解读。

8.1　Club Factory：技术重构出海供应链

Club Factory 是 2016 年上线的一个跨境电子商务 B2C 平台，母公司为杭州嘉云数据科技有限公司。Club Factory 主攻印度等东南亚和中东市场，主营超千万个 SKU 的非标商品，包括服装、鞋包、配饰、美妆、3C、家居用品等。该平台已在 29 个国家上线，拥有 8 000 多万用户，已经成为印度排名前三的电子商务平台。

2018 年，Club Factory 成为印度出海企业 MAU 排名第 10 位。

2016 年，Club Factory 进入了印度市场，很快将自己定位为无品牌、个性和实惠时尚产品的首选平台。Club Factory 是电子商务平台模式，通过算法进行订单匹配，上游对接国内中小厂家或批发商，平台统一提供定价、人货匹配、客服、海外物流等服务。海外消费者下单之后，系统自动匹配出货的供应商。供应商将货物通过国内物流发送给平台仓储，平台负责质检并打包发送至海外，当地采用第三方物流。

Club Factory 作为中国出海跨境电子商务的代表，被称为印度版的"淘宝"，正在实现跨境出口电子商务领域的"新零售"。它通过数据和技术驱动整个供应链重构，从而获得自己的发展新空间。具体表现在：

① 平台运用了人工智能和大数据技术，提升了供应链管理运营效率，降低了供应链成本。作为一家以技术为驱动的电商平台，Club Factory 拥有几百名来自硅谷和中国知名互联网公司的工程师和数据科学家，自主研发了供应链管理系统，以及基于人工智能的人货匹配算法。

② 平台提供免费送货、不限制订单起送金额、货到付款等服务，提高了平台的跨国电子商务交易效率，提升了客户体验。

③ 根据供应商在平台上提交的资料、竞价、商品质量、备货情况、发货速度等表现，Club Factory 构建出所有供应商的图谱画像，通过人工智能和机器学习，针对每一个商品和规格，从众多供应商中选出市场竞争力最强的供应商，推荐给合适的客户，提升了订单获取率。

④ 基于人工智能和机器学习的推荐系统，Club Factory 能够快速了解用户

偏好，并针对用户提供高度精确的服务，提升了推荐系统的质量。

2018 年 8 月，ePanda 出海中东发布了《下载量最高的十大中国跨境出海电子商务 APP：一半以中东、印度为主》排行榜，Club Factory APP 位于第二名。

在未来，Club Factory 将在以下几个方面进一步建设：

① 在客服、仓储、物流、语言等方面加大本地化的投入。

② 从品牌建设、智慧营销，以及后端的智能运营等多方面推进本土化战略，使我国电子商务出海更加便捷。

③ 将会依托大数据、物联网等信息技术，探索如何进一步精准对接用户的需求，进一步优化运营模式。

8.2 小笨鸟："互联网+外贸"创新模式

2014 年 9 月 1 日，小笨鸟跨境电商平台正式上线，由北京汇商融通信息技术有限公司开发和运营。目前，小笨鸟已经在美国、英国、俄罗斯、巴林等国设有分支机构，是一家立足"互联网+外贸"创新模式，专注出口业务的电子商务企业，为中国品牌出海提供包括电子商务运营、供应链服务、全网营销服务等的综合型外贸服务平台。自成立以来，小笨鸟已获得国家高新技术企业、商务部电子商务示范企业、北京市首批外贸综合服务示范企业、北京电子商务中心区产业联盟副理事长单位等称号。2019 年 4 月，小笨鸟与 eBay 合作的跨境电子商务培训服务平台正式上线。2019 年 6 月 1 日，小笨鸟和全球数字金融技术创新领军企业 Wirecard 达成了合作伙伴关系，利用自身优势，致力于打造完整的跨境电子商务服务产业链和生态服务圈，助力中国企业降低成本，实现企业、高校、平台和第三方服务机构共赢的新生态。

作为中国近年来增长最快的跨境电子商务平台之一，小笨鸟运用先进的

技术和开放式平台,打造了"平台中的平台"特色,具体表现在:

① 销售渠道广泛:小笨鸟的一个账户能够对接 Amazon、eBay、Wish、Newegg 和 Cdiscount 平台,销售渠道广泛,布局 20 亿海外买家。

② 链接站点优势:小笨鸟的一个中文界面可以直接和全球的 75 个站点相互链接,覆盖 45 个国家和地区。

③ 海外仓优势:小笨鸟在美国、澳大利亚、欧洲和中东地区提供 11 个海外仓服务,为所有的小笨鸟海外仓用户提供本土化销售平台。实现本土发货,大数据补货预警,发货速度比较快,物流成本比较低,并支持上门收退货,可同时支持零售、批发及大宗交易的仓储需求。

④ 跨境资金管理优势:小笨鸟支持定期自动财务结算、跨境人民币结算、任意储蓄卡结算,零汇兑损失,结汇无额度限制。

⑤ 跨境出口全链条服务:依托大数据、技术、运营三大中心,小笨鸟集聚了从品牌到平台运营推广,再到跨境供应链的电商资源,能够精准分析企业需求,提供定制化的出海解决方案,与企业共同拓展全球市场。

⑥ 多渠道跨境营销推广优势:小笨鸟通过主流搜索引擎营销(Google、Bing 等)、海外联盟营销(大数据人群定向、多维度、多站点、精准化投放),海外 SNS 社交化营销(Facebook、Pinterest、Instagram、Twitter 等)和海外 EDM 精准营销(海量数据库、智能分析、精准投放)和渠道站内营销(活动促销、关联促销、商品折扣、站内广告、大数据精准定位目标用户)等方式进行推广。

小笨鸟致力于成为全国最大跨境电子商务综合服务商。在未来,小笨鸟将运用自身强大的优势,具体在以下几个方面进一步建设:

① 将整合全球资源,并在"一带一路"沿线多个国家设立海外运营中心。

② 将实现多渠道发展、融合,优化不同国家的供应链生态,致力于成为

中国进出口贸易立体化的综合服务商，建立跨境电子商务行业资源共享的企业社群。

③ 将利用其全球销售和贸易运营体系，强大的供应链采购及物流能力，与 Wirecard 共同提供贸易及金融服务。

8.3 智汇创想：助力中国制造走向世界

深圳智汇创想科技有限责任公司（简称智汇创想）创建于 2010 年，致力于为全球的跨境电子商务卖家企业提供高可用、支持多并用端口和专业的跨境供应链 IT 服务，是一家专注于跨境电子商务行业 IT 综合解决方案软件、服务外包的专业系统的技术公司。公司现有员工 1000 多人，办公面积 1.2 万平方米，全球仓储面积 5 万平方米。公司主营的产品包括美妆、家居、3C 数码、照明、运动及户外和汽车用品等数十个品类。产品通过 Aliexpress、Lazada、ebay、Amazon、Cdiscount、Walmart、Wish 等第三方国际电商平台销往欧美、东南亚等 100 多个国家及地区，业务范围不断地扩大。智汇创想坚持以市场为导向、以满足客户需求及提升客户体验为目标，致力于自主产品设计及研发、自主创新，不断开发出高颜值、高品质、高性价比的产品，并努力打造中国品牌。

经过多年的经营发展，智汇创想创造出了具有竞争优势的产业模式和一流的操作系统和 IT 支持，年销售额突破亿元，成为国内优秀的跨境电子商务企业之一。具体表现在：

① 全球多个站点开通销售，产品销往欧美、东南亚、拉美、澳大利亚等全球多个国家及地区。

② 供应链深度整合：公司在美国、英国、澳大利亚等地建立办公室和物流仓储中心，能够第一时间为全球客户提供高效、便捷的优质服务。

③ 开发自有品牌产品和渠道：公司拥有丰富的 SKU 库存，产品类别达到数十万种，产品供应商多达上万家。

④ 具有年轻的创业型团队：公司拥有一批思维活跃的年轻创业型团队。

⑤ 具有完善的人才培养体系：公司构建了完善的人才培养体系，为每位职工开通晋升通道。

今后，智汇创想将在以下几个方面进一步建设：

① 继续致力于"让中国智造走向世界"的企业愿景，将以更高效的商业模式，进一步深度整合供应链。

② 将充分发挥自主品牌及自主研发的优势，继续开拓国际市场，为全球客户提供优质的产品及高效的服务。

8.4 星家加："供应链互联网＋"模式

2017 年 7 月 1 日，深圳市启明星电子商务有限公司正式推出星家加品牌，助力传统零售业实现全渠道转型升级。在售商品 SKU 近 30 000，主营产品涵盖母婴、美妆、保健品、奢侈品、3C 等多个品类。星家加在行业率先构建了跨境一站式供应链，为海外进口品牌进入中国提供了便利，目前已覆盖 60 多个国家和地区，引入 2 200 多个优质海外品牌。

2019 年，星家加获得深圳市跨境电子商务协会颁发的"年度优秀跨境电商新锐平台"奖。2019 年 4 月，在中国国际零售创新大会上，星家加凭借在智慧零售领域的技术突破和社区团购业态赋能，荣获了"零售新锐技术企业奖"和"零售技术创新奖"两项大奖。凭借领先的技术实力，星家加获得了"国家级高新技术企业称号"，也获得了 30 多项发明专利和软件著作权。

星家加具有领先的跨境供应链整合能力以及独特的"供应链互联网＋"模

式，具体体现在：

① 具有国内外仓库优势：公司在国内有多个保税仓库，分布在香港、广州、深圳、重庆等地；在国外有多个自营或合作海外仓库，遍布欧洲、美国、澳大利亚和日本。

② 具有采购优势：商品全部从原产国（或地区）直接采购。主流热卖商品直接与品牌方合作，货源、价格具有竞争优势。

③ 打造了领先的跨境电子商务供应链：在上游，整合全球采购渠道，实现货源直采，支持品类无限扩张，降低流通成本。在中游，建立全球化的仓储布局，拥有多样化的清关渠道。在下游，拥有 B2C 商城、分销平台、第三方直营店和 O2O 门店融合等全渠道网络。

④ 智慧零售模式优势凸显：依托完整的跨境供应链，星家加运用大数据分析、电子商务运营、SaaS 云系统和供应链管理等互联网技术在行业率先开创"智慧零售"新模式，成功助力合肥百大集团、长春欧亚集团和山东利群集团等 50 多家零售企业实现了全渠道数字化转型，降低了传统零售企业的采购成本，提升了传统零售企业的竞争力。

⑤ 打造了智能化的社区团购系统：星家加运用互联网技术，帮助"你我您"企业开发了行业首个社区团购小程序，实现了从订单、用户到商品、物流和售后的全链路统一化和数字化管理，从根本上变革了"你我您"的传统运营模式。2019 年，"你我您"的月 GMV 突破 3 亿元，并累计获得了 GGV 两轮过亿元的融资。

2019 年，星家加成立了子公司聚星易，为企业提供一站式小程序解决方案。在未来，星家加将会在以下几个方面进一步建设：

① 不断加强技术创新力度与运营整合能力，进一步为商家打通运营管理系统，优化全球供应链体系。

② 在跨境电子商务取得更大的突破，提供跨境电子商务上、中、下游完

整的供应链服务，并根据数据分析技术为商家提供适合精准营销的商品，持续引领全球跨境电子商务行业的发展。

③ 作为全球智慧零售新生态引领者，星家加将继续深化在一站式供应链、技术共享和全渠道布局等方面的优势，与国内外企业合作共建智慧零售互联网平台，引领全球智慧零售新生态。

8.5　Fordeal：电商出海一站式平台

2017 年 8 月 14 日，Fordeal 由广州哆啦信息科技有限公司注册成立，由一批国内著名电子商务平台精英所创建，定位为全品类出海电商一站式平台。平台经营商品包括男女服装、箱包配饰、护肤彩妆、电子数码、体育用品等品类，支持多种语言、货币以及支付方式，销售网点覆盖全球中东、欧美等多个国家和地区，其中中东市场是 Fordeal 最主要的市场，业务覆盖沙特阿拉伯、阿联酋、科威特、卡塔尔、阿曼、巴林等中东地区。Fordeal 平台已经有上千家供应商入驻，在线售卖百万级数量 SKU，员工有 1 000 人左右。根据 36kr 的数据，目前，Fordeal 月活跃用户在 1 000 万人左右，累计交易用户 300 万人。根据 App Annie 排行榜，Fordeal 已经位于海湾六国电商 App 排名前列，已经成为国内电子商务企业出海中东的先锋企业之一。自创立以来，Fordeal 平台先后获得险峰资本、元璟资本、顺为资本、高瓴资本和和玉资本等多轮投资，融资金额达 1 亿美元。

Fordeal 平台在中国制造升级、中国品牌文化输送全球等方面具有独特的运营模式，具体体现在：

① 商家可以免佣金入驻，无须提供客服。Fordeal 会帮助商家针对目标市场在商品供应价的基础上再定价，平台利用大数据对商家提供的产品品类以及 SKU 进行测算，推荐可能会被中东消费者喜欢的产品上架。此外，Fordeal 并没有入驻标准的参考标准，而是对产品的质量做了规定，比如，产品要符

合欧标或者 ISO 9001 等。

② 充分融入本地化，采用本地化运营，通过当地人运营商品和内容，提高了平台的消费转化率。

③ 为商家提供更多流量扶持。Fordeal 不但从 Google、Facebook、Twitter 等站外购买流量，也会通过私域流量为卖家推广店铺。商家如果在亚马逊或者天猫开精品店，售卖一些独特风格的产品，也同时可以在 Fordeal 上开设相应的店铺。

④ 商品自动管理服务。商家在 Fordeal 上需要完成的步骤只有上架和发货，Fordeal 会负责海外物流、客服、售后等环节。跨境物流方面，Fordeal 和其他跨境电商相同，采用邮政小包和本地仓来周转货物。用户从下单到收货的大概耗时为 7～12 天。

Fordeal 在我国处于飞速发展，但是依旧处于初期阶段。在未来，Fordeal 平台将会在以下几个方面进一步加强探索：

① 持续发力潜力巨大的中东市场，并向印度市场拓展。

② 将会和抖音等新兴的内容平台建立合作，加强社交和内容渠道流量的获取。

8.6 遨森电商：智能化运营是关键

2013 年，遨森电商由宁波萌恒集团运营创立，是一家主营户外休闲、居家用品、体育健康、宠物用品、办公用品等品类的 B2B2C 跨境电商出口平台，业务覆盖欧美等 10 多个发达国家。公司总部在宁波，在美国、加拿大、英国、德国、法国和意大利等 7 个国家均设有子公司，在 7 个欧美国家拥有 10 万平方米的自建海外仓。

2018年，自营网站Aosom注册的用户数量突破百万人。2018年10月，在新三板挂牌上市，完成了传统外贸、制造业企业在电子商务时代的成功转变。2019年1～5月，销售额近6 000万美元。

2017年，遨森电商被评为浙江省4A级电子商务企业。2018年12月，遨森电商被评选为宁波市最具影响力跨境电商企业、宁波市跨境电商优秀海外仓。跨知通出海品牌研究院发布的"OutrunBrand 2019中国跨境电商出海品牌30强推荐榜"（图8-1）中，遨森品牌位于跨境电商出海品牌第二名，属于新上榜品牌的代表。

	品牌英文	品牌中文		行业类别	成立时间	总部	公司名称
01	Anker	安克创新	ANKER	消费电子	2011	长沙	安克创新科技股份有限公司
02	Aosom	遨森	Aosom	在线零售	2013	宁波	遨森电子商务股份有限公司
03	Annke	科安数字	ANNKE	智能设备	2014	深圳	深圳市科安数字有限公司
04	Aukey	傲基	AUKEY	消费电子	2005	深圳	深圳市傲基电子商务股份有限公司
05	Banggood	棒谷	Banggood.com	在线零售	2007	广州	棒谷科技股份有限公司
06	Baseus	倍思	Baseus倍思	消费电子	2011	深圳	深圳市时商创展科技有限公司
07	Bluedio	蓝弦	BLUEDIO	消费电子	2001	广州	广州市立伟电子有限公司
08	Chinavasion	星商	Chinavasion	在线零售	2011	深圳	深圳市星商电子商务有限公司

图8-1　OutrunBrand 2019中国跨境电商出海品牌30强推荐榜（部分）

遨森电商将互联网与外贸相结合，是传统制造业在电子商务领域探索的成功代表，其运营模式具体表现在：

① 依托领先的信息化管理技术，进行本土化运营。遨森电商母公司与供应商合作设计的产品，由供应商直接运输到国内仓库，或直接报关出口。根据不同国家子公司的需求，产品被集中运输到遨森电商自建的海外仓库，再由专业的B2C运营团队进行本土化运营。海外的子公司和海外的仓储模式既降低了物流成本，又加强了对当地客户的服务，也可以缩短订单的周期。

② 具有直接和间接两种销售渠道。遨森电商主要是通过 ebay、亚马逊、Wayfair、Walmart、tesco、cdiscount 和 otto 等第三方跨境电商平台进行间接销售，也通过自建平台 Aosom 进行直接销售。遨森电商在海内外多个国家建立了 20 多个销售平台渠道。

③ 具有较高的品牌化程度。遨森旗下有 9 个自主品牌，分别是"Outsunny"、"Aosom"、"Pawhut"、"Homcom"、"Vinsetto"、"Kleankin"、"Durhand"、"Soozier"和"Qaba"，在北美和欧洲地区均有一定的知名度。

④ 持续推进信息化建设。遨森电商加强对产品管理、供应链管理、质量管理、营销管理、物流管理及交易平台等系统的设计与开发，每年投入信息化的资金不低于营业收入的 1%。通过信息化建设，遨森电商能够对产品的开发、采购、出运、入库、销售、客服、发货、售后等整个价值链环节进行全自动控制。

在未来，遨森电商将会在以下几个方面进行建设：

① 持续推进以大数据、人工智能等为主的信息化建设，重点设计和开发产品管理、供应链管理、质量管理、营销管理、物流管理及开放交易平台等系统。

② 加快官网 POP 平台的开发速度，大力增加国内外商家入驻的数量，全面提升自有交易平台的影响力。

③ 加强海外仓储的布局，进一步降低物流成本，提升客户服务能力和消费者体验感。

8.7 骐茂电商：B2B2C"一站式"跨境电子商务平台

2015 年，上海骐茂电子商务有限公司成立，是一家快速增长的新型跨境电商企业，总部位于中国上海，在巴基斯坦首都伊斯兰堡和第二大城市拉合尔亦设有分公司。主要运营产品覆盖高端服装、鞋子、箱包、家居用品、化妆品、3C等。目前，公司拥有海内外员工近百人。2018年，骐茂电商在南亚的GMV已经累计突破2亿元，成为南亚社交电子商务领域的第1名。骐茂电商包括驼小铃（Tosharing）、Cheezmall、Shoplus三大跨境电子商务平台品牌，其中，Cheezmall为跨境电子商务B2C平台，于2015年在国外上线，已经拥有超近百万的注册用户，成为南亚五国排名第5的新零售电子商务平台；Shoplus为跨境电子商务B2B2C平台，于2016年在国外上线，在南亚B2B电子商务领域独树一帜；驼小铃（Tosharing）为跨国社交电子商务平台，于2019年5月在国内和国外同时上线，以社交电子商务为核心属性，打造全球新电子商务生态，以打造社交电子商务3.0时代为目标。骐茂电商除通过三大品牌布局海内外，还拥有多个电子商务产业链的网络化格局。公司自成立以来，先后完成由英诺资本、臻云资本、腾讯副总裁、上海大学产业园和3家上市公司等多个国内外知名投资机构和投资人的A轮融资，历史融资规模近亿元。

与其他众多跨境电子商务企业不同，骐茂电商从成立之初就立足于跨国电子商务领域，在尚未开垦的巴基斯坦等南亚市场具有独特的运营模式，具体体现在：

① 采用"品牌折扣+限时抢购+正品保险"的商业模式，将中国领先的电子商务运营模式与中国强大生产力结合。

② 完善的跨国电子商务服务体系，Shoplus对小B客户的服务，不仅仅是供货，还包括其他增值服务，比如金融、物流以及帮他们提高销量的解决方案。

③ 构建全球社交电子商务新生态。骐茂电商致力于构建全球社交电子商务新生态，一方面，将原有的海外社交电子商务属性和国内的社交电子商务模式相结合，创新社交电子商务产业链。另一方面，成立了绿洲商学院，面向全球社交电子商务人才创建了培训机制。

④ 为客户提供便利支付。骐茂电商为客户提供各种支付方式，如货到

付款（COD），信用卡/借记卡 HBL，互联网支付网关，通过任何 Master & Visa 卡付款，Mobicash 手机钱包和 Mobicash 商店。

在未来，骐茂电商将在以下两方面进一步建设：

① 通过智能技术赋能跨境电子商务平台，进一步提升供应链整合能力，将原有的线下资源进行线上推广，下沉到五六线城市进行差异化发展。

② 以在巴基斯坦、孟加拉国等国的电子商务发展经验为基础，将持续拓展南亚、东南亚、中东市场和拉美部分国家市场，推进实现全球化进程。

8.8 宝贝格子：母婴跨境新零售平台

2012 年，宝贝格子由北京宝贝格子控股股份有限公司创立，是一家垂直的跨境母婴电商，主要经营 0～3 岁的海外品牌母婴商品。商品主要来自美国、加拿大、日本、韩国、澳大利亚、德国、法国等 20 个国家及地区，主营商品包括宝宝奶粉、辅食、纸尿裤、宝宝用品、美食保健、服饰鞋包、图书玩具、辣妈用品、奶爸用品 9 大品类，数千个品牌，近万种 SKU，已经覆盖母婴家庭生活消费的方方面面。目前，宝贝格子已经完成美国、加拿大、德国、日本、英国、意大利等 13 个国家 16 个城市的海外仓布局。

宝贝格子在 2016 年、2017 年、2018 年都进入新三板创新层，并于 2019 年 1 月入围新三板创新成指样本股。2018 年宝贝格子营业总收入 4.11 亿元，较 2017 年同期增长了 95.17%；2018 年净利润 2704.34 万元，较 2017 年同期增长 1340.40%。宝贝格子先后获得了国家主权基金、中金前海发展基金、招商致远资本投资、工信部麒麟财富投资、分众传媒等投资。

作为中国较领先的海外直邮 B2C 电子商务平台，宝贝格子成为冲击跨境电子商务领域的新锐，其独特的运营模式主要体现在：

① 宝贝全球购。宝贝格子具有独立进出口经营权，可以面向全球采购优选

商品，拥有海外知名商品快速采购能力。宝贝格子合作全球的品牌近 3 000 个，目前已开通美国、加拿大、日本、韩国、澳大利亚、新西兰、德国、英国、荷兰、意大利、法国、泰国、新加坡、尼日利亚、丹麦、瑞典、乌克兰、马来西亚等 20 个国家及地区的海外直邮（包含海外仓直邮＋保税仓直邮）业务。消费者下单后，可以在官网上查询商品的出库、发货、报关、清关及配送的全过程。

② 同质同价。宝贝格子具有独立的进出口经营权，可面向全球采购优选商品，拥有海外知名商品快速采购能力，因此能够保障商品同质同价。Amazon、Diapers 等知名网站的在售热门商品，均可在宝贝格子直接购买。不仅如此，宝贝格子商品价格保持与这些海外知名电商网站实时同价。

③ 全渠道挖掘跨境母婴新零售。2017 年，宝贝格子基于大数据、人工智能等信息技术，率先在业内开拓跨境母婴"新零售"，首创"1+X"人工智能母婴综合体模式，其中，"1"是指母婴产品，"X"则是指母婴产品之外的增值内容，包括为加盟店提供的游乐、婴幼儿教育、健康保健等服务。此外，宝贝格子在线上搭建内容，涵盖育儿生活分享、亲子工具、孕育医疗知识分享等服务，构建了母婴人群线上汇集中心。通过线上线下渠道、资源的整合、数据的打通，线上线下相互协同，宝贝格子形成了多元化的新零售生态布局，为用户营造了多样化、多维度的场景化消费体验。

④ 探索区块链技术的应用。宝贝格子成为母婴电子商务及跨境电子商务优先启动区块链技术的新零售企业。在整个消费环节及智能设备应用中，宝贝格子通过区块链技术分析智能设备应用数据、品牌商品数据、用户消费数据、物流数据、各城市线上线下活跃数据等，并将这些数据进行层级显示，形成完善的信任链。

⑤ 提供坚实的质量安全保障。宝贝格子与中华联合保险达成合作，投保 10 亿元产品质量险，为消费者提供坚实的第三方保障。宝贝格子与国外拥有 ISO、GMP 等质量管理认证的一线母婴品牌制造商合作，为消费者提供优质的母婴商品。宝贝格子与中检集团溯源技术服务有限公司进行合作，对线下加盟店实施实地验证、资质认证、商品溯源、巡检督查客户投诉及客户服务

等系列服务，实现线下加盟门店产品可追溯、门店真实性可验证、权威第三方实时监管督查。宝贝格子先后获得了中国质量检验协会颁发的 2019 年"全国百佳质量诚信标杆示范企业"、"全国产品和服务质量诚信示范企业"、"全国母婴行业质量领先品牌"和"全国产品和服务质量诚信示范企业"证书。

在未来，宝贝格子进一步建设：

① 将会不断探索和创新跨境新零售，使得线上线下进一步融合发展，把更加优质的产品和服务带给消费者。

② 伴随着人工智能及物联网技术的不断成熟，将把传统母婴的"人、货、场"向智慧供应链、数据驱动用户、体验式智慧门店进一步驱动，将会在全球布局更多母婴生产线。

③ 将会继续加强区块链技术在供应链溯源、母婴新零售等线上线下方面的应用，引领母婴行业的新一轮变革。

8.9　Amanbo：非洲最大的 B2B 跨境电子商务平台

2015 年，Amanbo 平台由深圳市正义网络创立，是一个由国际站、非洲国家站、非洲进口网、非洲物流网、Amanbo 金融等多个平台组成的中非电子商务综合解决方案，是目前非洲最大的 B2B 电子商务平台。Amanbo 总部设在中国深圳，并在中国广州及非洲肯尼亚、喀麦隆、多哥、埃及、塞拉利昂、科特迪瓦、尼日尔、乌干达、坦桑尼亚等国设立有分公司。

2016 年，Amanbo 被工信部列入对非合作重点项目，并受到央视、新华社、深圳卫视、KBS 和 K24 等国内外权威媒体的重点关注。2018 年，Amanbo 线下体验店正式启动，目前，已经在肯尼亚、喀麦隆、多哥、科特迪瓦、塞拉利昂等多国建立了线下展厅，业务范围已渗透非洲 20 多个国家，并已经建立 5 个非洲海外仓及本地物流服务体系。2018 年，Amanbo 荣获中国（深圳）跨境电商年度盛典的"新锐平台奖"。

在"一带一路"倡议下，立足中国和非洲近 25 亿人口市场及中非合作的快速发展需求，Amanbo 的运营模式具有自身的特色，具体表现在：

① OSO（Online+Social+Offline）三位一体的跨境电子商务解决方案。根据中非贸易的发展现状和需求特点，Amanbo 通过社交网络传播途径，打通线上商城和线下展厅的创新模式，成功打造了融合国际贸易、品牌营销、本土分销、交易管理、安全支付、物流服务于一体的以"线上商城＋线下展厅＋综合服务"为主要特征的外贸综合服务平台。2016 年《中国人在非洲》纪录片重点报道了 Amanbo 聚焦非洲跨境电子商务平台通过创新的 OSO 模式探索非洲的过程。

② 打造了中非 B2B 的跨境电子商务平台生态体系。利用 ICT 技术，Amanbo 集合了国际站（中非国际贸易撮合交易平台）、非洲国家站（非洲国家 OSO 创新电子商务平台）、非洲进口网（专注非洲进口电子商务平台）、非洲物流网、Amanbo 金融等子平台，整合了物流、资金、品控、代运营等行业资源，逐渐形成了中非 B2B 的跨境电子商务平台生态体系。

③ 提供全方位服务。Amanbo 平台为商户提供广告宣传、贸易洽谈、网上商城、在线交易、品牌营销、样品管理、商业资讯、订单管理等基础功能。对于平台操作不熟悉的商户，Amanbo 还提供高端会员服务，旨在帮助商家快速了解非洲市场行业信息，提高产品曝光率，打响品牌知名度，尽快获取优质的非洲买家资源和订单。

在未来，Amanbo 继续秉承"专业、创新、公正、共赢"的核心价值观，坚持专业化与本土化相结合的人才策略，不断创新，勇于合作，进一步建设：

① 基于 OSO 模式的经验，继续探索中非合作的新模式。

② 在中国和非洲开设更多的线下体验店。

③ 帮助国内其他企业走进非洲，开拓非洲市场，进一步提升商业效率和效果。

8.10 豌豆公主：国内领先的日淘跨境电子商务平台

2015 年，豌豆公主平台由北京良市无际科技有限公司创立，是全球唯一由日本供应商直接进驻的垂直跨境电子商务平台，主要为日本品牌方提供信息跨境、物流跨境等服务。豌豆公主秉承"懂日本 更懂你"的基本理念，面向 25～35 岁的女性用户，提供护肤、仪器、美妆、食品、身体护理、母婴用品、家居用品等品类，坚持 100% 正品保证。截至 2019 年 5 月，豌豆公主平台注册用户已经突破 1 500 万人，拥有 3 300 家品牌，入驻商品超 40 000 个 SKU。豌豆公主在日本青海的直邮仓库超过 10 000 平方米，是目前国内跨境电子商务在海外设立的最大直邮仓之一。2017 年底，豌豆公主完成 6 800 万美元 C 轮融资，投资方包括伊藤忠商事株式会社、KDDI 株式会社和正大集团。豌豆公主还获得了日本瑞穗、三菱、三井银行三大银行的无担保贷款。

eNet 研究院共同评选的"2019 上半年度 APP 分类排行"榜单中，豌豆公主 APP 凭借强势的增长劲头，位居跨境电商排行榜第六名。图 8-2 是 2019 上半年度 APP 分类排行。

排名		名称
1		小红书
2		网易考拉
3		洋码头
4		海狐海淘
5		奥买家全球购
6		豌豆公主
7		比呀比海外购

图 8-2　2019 上半年度 APP 分类排行

豌豆公主独特的运营模式使得它在跨境电商领域脱颖而出，具体表现在：

① 构筑日本跨境联合供应链。豌豆公主成立了 Wonder Japan Cross-Border Syndication 供应链联盟，整合日本供应链。在上游整合日本的 16 家流通商、

品牌商和供应商，在下游连接国内对日本产品有需求的自媒体、电商渠道，打通中日之间的信息、物流、业务和市场数据，并和日本最大电信运营商KDDIK合作，争取更多日本的商品进入中国，让制造、流通、零售、营销和消费等环节实现增值，实现供应端的货源和价格优势。

② 推荐日本小众品牌。依托日本强大的供应链，豌豆公主不仅仅挖掘知名品牌和爆款商品，更是通过整合产业链资源，挖掘日本国内的知名度缺乏却足够优质的小众品牌和商品，并推荐给中国消费者购买。

③ 积极拥抱新零售。为了适应中国新零售的变革，豌豆公主没有局限在一个跨境电子商务平台，而是积极转型新兴业态。2018年，豌豆公主在中国郑州保税园区内落地了第一家以日本商品为主的O2O自提示范店，并以此店为基础，形成全国连锁的实体店面，线上线下形成流量互补。

④ 打造全新的创新营销体系。与其他跨境电子商务平台不同，豌豆公主通过自身的营销体系对所有入驻品牌商品进行推广。首先，豌豆公主通过让KOL、公众号等新媒体参加在日本举办的品牌活动，加深他们对这个品牌的认知，并引导他们向国内传递信息；其次，豌豆公主会加强和品牌方的深度合作，帮助他们挖掘卖点，并帮助他们运营官方微信和微博等媒体，同时，通过豌豆公主APP的社区、专题、微信群等对他们的品牌进行宣传；最后，豌豆公主会通过与KOL、公众号等新媒体渠道及直播等SNS方式，进一步扩大信息的扩散和传播。

在未来，豌豆公主将继续引领中日跨境贸易的发展，继续深入挖掘更多优质的日本供应端资源，加强探索跨境新零售的渠道。

8.11 网来云商：全球跨境电子商务综合枢纽，用母语做全球生意

网来云商环球信息技术（武汉）有限公司（简称网来云商公司）是传神

集团旗下企业。传神集团是全球领先的多语言信息处理及服务提供商,语言服务能力居亚洲第3位,全球第19位。2017年12月11日,李克强总理到传神集团考察,高度肯定了传神在近十几年为中国企业走出去、服务国家经济文化战略发挥的作用和价值。

网来云商公司基于传神集团坚实的语言数据基础和强大的国际政商关系,大幅度降低跨境商业的语言障碍和文化差异,帮助全球企业用母语做全球生意,实现"卖全球、买全球"。公司在智利、迪拜等多国建设海外仓,与亚马逊、YEATRADE等200多个平台建立直接合作关系。

为响应国家"一带一路"倡议和"大众创业、万众创新"的号召,促进我国跨境电子商务产业迅速增长,公司孵化跨境新零售平台经济项目,开展"全球合伙人"计划,依托现有多语言互联技术和全球电子商务资源,基于跨境云底层销售系统,结合直播、社交零售等新方法,帮助电子商务从业者创业就业,并带动上下游产业发展。

"全球合伙人"计划开展以来,注册用户已超过100万人,为大量自由从业者提供创业就业机会,帮助其实现技能及专业变现,结算自由从业者报酬超过80亿元,缴纳税收超过4亿元。

网来云商公司采用的是一区多园全球本地化综合运营模式。已与湖北、安徽等10余省份达成合作,在山东金乡、安徽滁州等地建设20余家跨境电子商务产业园,服务中小企业超过4 600家,具体模式见表8-1与图8-3。

表8-1 网来云商的综合运营模式

模式	具体内容		
线下模式	产品展示仓	城市馆	跨境电子商务产业园
线上模式	海外营销	仓储物流	云商小镇
成交过程	精准匹配	真实买家	HZH服务

未来网来云商公司将继续整合各种外部资源,坚持智能化与国际化相结合的发展方向,进一步采取:

① 前店后仓战略。海外仓是中国企业海外布局的关键一环，是国内跨境电子商务产业园的海外对接端口，网来云商的海外仓业务帮助出口企业完成"最后一公里"的运营服务，在当地本土合作伙伴的帮助下，企业线上做营销推广，线下通过"前店"完成客户的体验环节，通过"后仓"完成产品仓储物流和售后服务功能。目前网来云商的海外仓已落地南美智利和中东迪拜，从而在"一带一路"上的关键地区进行了布局。

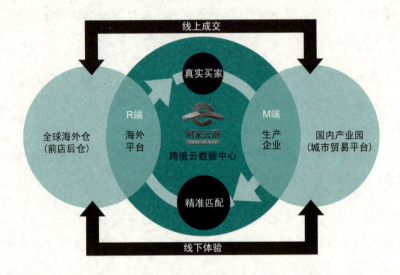

图 8-3　网来云商的综合运营模式

② 新金融战略。供应链金融助力县域经济跨境贸易，提供电子商务及供应链金融服务，为中小企业提供基于信用的个性化金融服务。

③ 运营中心战略。吸引整合全球 100 强 B2B 电子商务平台在武汉建立运营中心，打造全球跨境电子商务中国运营总部，涉及十万亿元级国际贸易。

④ 信任体系战略。建立 R2M 体系解决传统供应链金融潜在的风险：企业信用风险、贸易真实性风险、业务风险、物流监管风险、抵押资产风险等。

中国跨境电子商务发展报告
（2018—2019）

附录 A：欧洲 B2C 电子商务发展报告（2018—2019）

一、引言

欧洲是全球第二大 B2C 电子商务市场，仅次于亚太地区，超过北美地区。然而，与亚太和北美地区相比，欧洲的 B2C 电子商务市场更为分散；在亚太和北美地区，大部分 B2C 电子商务交易额主要集中在两个国家：中国和美国，这对于计划拓展这两大地区市场的国外电子商务公司而言，更容易做出投资决策。尽管欧洲市场比较分散，但是欧洲也有多个规模较大而且成熟的电子商务市场，并且，一些发展中的电子商务市场对国外公司也颇具吸引力，这都值得准备拓展国际商机的电子商务公司关注。

二、欧洲 B2C 电子商务市场发展

截至 2018 年，欧洲人口达到 7.97 亿人，自 2013 年以来，每年都保持稳定的增长，2019 年底，会达到 7.98 亿人。表 A-1 列出的 34 个欧洲国家总人

口达到7.92亿人,其中,俄罗斯、德国、土耳其、英国、法国和意大利是人口最多的国家,占34个欧洲国家总人口的62.9%。

表A-1 人口、互联网普及率、网购渗透率和B2C交易额(2019)[3]

国家	人口/(百万)	互联网普及率/%	网购渗透率[1]/%	B2C交易额/(百万欧元)	e-GDP[2]/%
俄罗斯	143	76	70	18.5	1.32
德国	82.4	93	83	58.5	1.71
土耳其	82	73	36	12.57	2.09
英国	66.8	96	87	200.5	7.94
法国	65.4	90	76	104.2	4.31
意大利	59	79	48	35.65	2.01
西班牙	46	88	63	33.56	2.69
乌克兰	43	67	22	2.14	1.9
波兰	38	77	61	11.6	2.31
罗马尼亚	19	74	27	4.68	2.42
荷兰	17	96	85	24.98	3.28
比利时	11.5	90	68	11.26	3.05
希腊	11	72	50	5.8	2.96
捷克	10.6	88	68	6.09	2.95
瑞典	10	94	84	16.87	1.78
葡萄牙	10	75	50	5.6	2.78
匈牙利	9.6	80	53	1.55	1.22
奥地利	8.7	89	70	7.6	1.97
瑞士	8.6	98	89	11.6	1.87
塞尔维亚	8	74	47	0.32	0.77
保加利亚	7	67	31	0.89	1.67
丹麦	5.7	98	86	19.5	6.36
芬兰	5.5	96	72	3.15	1.34
挪威	5.3	98	81	12.84	3.84
爱尔兰	4.8	84	71	7.7	2.53
克罗地亚	4	70	48	0.45	0.87
立陶宛	2.8	83	55	0.63	1.41

附录 A：欧洲 B2C 电子商务发展报告（2018—2019）

续表

国家	人口 /（百万）	互联网普及率 /%	网购渗透率[①] /%	B2C 交易额 /（百万欧元）	e-GDP[②] /%
北马其顿	2	78	33	0.14	1.26
拉脱维亚	1.9	84	55	0.32	1.1
爱沙尼亚	1.3	91	69	0.31	1.25
塞浦路斯	1.2	86	39	0.25	1.28
卢森堡	0.6	97	83	0.87	1.39
马耳他	0.4	83	67	0.02	0.18
冰岛	0.3	99	77	0.64	3.06

注：① 网购渗透率指在线购买商品和/或服务的用户与互联网用户的比例。
② e-GDP 指 B2C 电子商务交易额占国内生产总值。
③ 数据来源于全球电子商务研究院。

欧洲的互联网普及率在全球最高，截至 2018 年底，约有 81.05% 的欧洲人可以上网。其中，冰岛（99%）、瑞士（98%）、丹麦（98%）、挪威（98%）、卢森堡（97%）等五国的互联网接入程度最高，相应的互联网普及率也就最高（表 A-1）；乌克兰（67%）、保加利亚（67%）、克罗地亚（70%）、希腊（72%）、土耳其（73%）等五国的互联网普及率偏低。

网络购物在欧洲消费者中非常流行（表 A-1）。截至 2018 年底，网络购物比例最高的五个国家是瑞士（89%）、英国（87%）、丹麦（86%）、荷兰（85%）、瑞典（84%）；乌克兰（22%）、罗马尼亚（27%）、保加利亚（31%）、北马其顿（33%）和土耳其（36%）等五个国家的网购人群相对较少。但是，随着网购渗透率的增加，这些国家也有可能成为国际电子商务公司感兴趣的目标市场，因为它们占了欧洲总人口的将近 20%。

大多数欧洲国家消费者对网络购物已经习以为常，由于 B2C 电子商务定义和有效数据来源不同，很难对欧洲各国 B2C 电子商务市场进行精确比较。尽管如此，根据现有数据，全球电子商务研究院可以估算出每个国家的 B2C 电子商务交易额，公平客观地说明欧洲各国电子商务市场规模。截至 2018 年底，欧洲国家的电子商务交易额达到 5470 亿欧元，2019 年底会达到 6210 亿欧元（同比增长13.6%），但是不同国家电子商务交易额差别很大（表A-1），其中，英国、法国、德国、意大利、西班牙是欧洲最大的B2C电子商务市场，并且，由于有着庞大的网购人群和相对较高的人均在线支出，这些市场也被称为成熟电子商务市场，对于准备进入欧洲电子商务业务市场的国际电子商务公司有着很强的吸引力。马耳他、北马其顿、塞浦路斯、爱沙尼亚等国家由于电子商务市场规模偏小，对国际电子商务公司的吸引力相对较小。

截至2018年底，欧洲国家人均在线消费支出为1 346欧元，2019年底会达到1 464欧元，增长幅度为8.8%，其中，北欧国家2018年人均在线消费支出最高，达到2 045欧元（同比增长5.4%）；东欧国家2018年人均在线消费支出最低，为276欧元（同比增长5.0%）；英国在所有欧洲国家中排名第一。

欧洲国家B2C电子商务对本国经济的影响如何？数据显示，英国、丹麦、法国、挪威、荷兰等国家的e-GDP（B2C电子商务交易额占国内生产总值）比例位居前列（表A-1）；马耳他、塞尔维亚、克罗地亚等体量较小国家的B2C电子商务交易额对国内生产总值的贡献要低得多。

三、欧洲跨境电子商务市场的发展

如今，亚马逊、eBay、Etsy和阿里全球速卖通等全球化的电子商务公司在欧洲有着非常大的影响力，并赢得了巨大的市场份额。在过去的几年里，欧洲国家跨境网购消费者数量也在迅速增加，随着本国电子商务市场发展日渐成熟以及竞争日趋激烈，越来越多的本国在线零售商积极寻找国际扩张的机会。

2018年度，在有数据统计的欧洲32个国家，平均有43%的互联网用户在欧盟成员国间进行跨境网络购物；30%的互联网用户在欧盟成员国以外进行跨境购物。但是，这些比例在欧洲各国之间差异很大（表A-2）。2018年，马耳他、冰岛、塞浦路斯和卢森堡的消费者跨境网购的比例最高；土耳其、罗马尼亚、波兰和塞尔维亚的消费者很少在国外网站上购买产品和服务。

表 A–2　欧洲国家跨境电子商务互联网用户渗透率（2018 年）

国家	从欧盟其他国家在线购买的网民占比	从全球其他国家或地区（非欧盟）在线购买的网民占比	国家	从欧盟其他国家在线购买的网民占比	从全球其他国家或地区（非欧盟）在线购买的网民占比
德国	24%	20%	塞尔维亚	8%	16%
土耳其	7%	7%	保加利亚	35%	17%
英国	34%	36%	丹麦	49%	25%
法国	40%	29%	芬兰	52%	30%
意大利	43%	27%	挪威	44%	39%
西班牙	48%	36%	爱尔兰	60%	26%
波兰	12%	8%	克罗地亚	41%	46%
罗马尼亚	13%	3%	立陶宛	43%	35%
荷兰	42%	32%	北马其顿	18%	37%
比利时	64%	19%	黑山	28%	77%
希腊	35%	19%	爱沙尼亚	47%	45%
捷克	19%	10%	塞浦路斯	83%	36%
瑞典	36%	27%	卢森堡	82%	33%
葡萄牙	51%	33%	马耳他	89%	62%
匈牙利	40%	26%	冰岛	64%	69%
奥地利	81%	18%	斯洛文尼亚	43%	31%

注：数据来源为全球电子商务研究院。

但是，一个国家的跨境电子商务发展潜力不仅取决于跨境电子商务互联网用户渗透率，还取决于整体电子商务市场的规模。譬如，尽管英国、法国和德国跨境电子商务互联网用户渗透率都不是很高，但其电子商务市场的规模足以反映出它们也是欧洲跨境电子商务市场价值最高的国家。其他具有较高跨境电子商务市场价值的欧盟成员国有：意大利、西班牙、荷兰、丹麦和瑞典等国家，国外跨境电子商务公司可以从这些国家获取更多的经济收益。

对于开展跨境电子商务的欧洲电子商务公司的两大驱动因素是：日益增加的商业机会和外国消费者不断增加的需求；但是，也有一些主要因素在影响欧洲电子商务公司进一步扩大国际市场份额：一是企业内部资源配置和规划方案；二是物流过程管理；三是可靠的国外合作伙伴；四是不同国家的法律法规、工作流程及税收体系。

四、欧洲电子商务诚信标识的发展

对在线零售商和服务提供商缺乏信任是影响 B2C 电子商务增长的主要障碍之一。根据欧洲国家消费者对网购的信任程度，可以分为三类国家：一是对本国和跨境网购信任度都高的国家；二是对本国网购信任度高，但对跨境网购信任度较低的国家；三是对本国和跨境网购信任度都低的国家。第一类国家主要包括：英国、德国、法国等电子商务发展程度高，体量大的国家，以及奥地利、爱尔兰和卢森堡等电子商务发展程度高，但是体量较小的国家；第二类国家主要包括：荷兰、瑞典、丹麦等国家，相对于跨境网购，这些国家消费者对本国网购的信任度更高；第三类国家包括：葡萄牙、黑山和匈牙利等国家。

为提升消费者对网购的信任，欧洲的许多在线零售商和服务提供商在其网站上使用电子商务诚信标识。截至 2017 年底，超过 26% 的欧洲网店使用至少一个电子商务诚信标识。并且，对于流量越大的网店，其拥有一个或多个电子商务诚信标识的可能性就越大。但是，欧洲国家电子商务诚信标识的使用情况差异很大。电子商务诚信标识呈现出明显的"西欧现象"。特别是在荷兰、丹麦、德国、奥地利、西班牙等国，使用电子商务诚信标识的网店已经常态化。东欧和东南欧地区的网店很少在其网站上使用电子商务诚信标识。爱尔兰和卢森堡最近新推出了电子商务诚信标识，这可能会提高这两个国家网店使用电子商务诚信标识的比例。欧洲网店使用特定国家的电子商务诚信标识比使用国际电子商务诚信标识的比例要高，原因在于欧洲大多数电子商务诚信标识致力于增强本国消费者网购信心。目前，只有少数几个在全欧洲范围通用的电子商务诚信标识，如欧洲电子商务诚信标识、EMOTA 和可信任商店。最近，由全球电子商务研究院建立的一个全球电子商务诚信标识项目正在实施（Safe.Shop）。全球电商研究院是一家总部在欧洲的全球性的电子商务研究机构，在 2017 年由欧洲电商联合会举办的全球电子商务峰会上，多个国家电子商务协会提议由全球电商研究院牵头建立全球电子商务诚信标识（Safe.Shop），旨在激励本国电子商务市场以及全球数字贸易的进一步发展。这个项目并不是从零开始构建全球电子商务诚信标识，而是通过已有的、可信赖的本地电子商务诚信标识去构建共享的全球性电子商务诚信标识体系，以提高全球消费者对网购的信任，促进本国和全球电子商务交易。

五、衡量欧洲电子商务发展的关键经济指数

通过对欧洲国家电子商务发展相关的关键经济指数排名（表 A-3）的分析比较，有助于了解欧洲不同国家电子商务发展程度和市场机会。

表 A-3　欧洲国家电子商务发展相关的关键经济指数排名（2019 年）

国家	人均 GDP/（欧元）	营商环境指数排名	物流绩效指数排名	电子政务发展指数排名
丹麦	53 100	1	6	1
瑞典	47 253	5	2	3
芬兰	42 393	8	8	4
拉脱维亚	15 466	9	32	31
立陶宛	15 589	6	28	24
冰岛	63 642	10	21	13
爱沙尼亚	18 967	7	20	10
挪威	69 949	2	13	8
比利时	37 900	23	3	17
爱尔兰	62 500	11	18	15
卢森堡	104 700	31	16	12
荷兰	44 550	20	5	7
德国	41 400	12	1	6
法国	36 900	16	10	5
英国	37 700	3	7	2

续表

国家	人均GDP/（欧元）	营商环境指数排名	物流绩效指数排名	电子政务发展指数排名
捷克	19 389	19	14	29
匈牙利	13 165	27	19	25
波兰	13 165	17	17	21
奥地利	44 089	13	4	14
瑞士	72 078	21	9	9
克罗地亚	12 422	29	26	30
土耳其	7 272	22	24	28
塞浦路斯	16 057	28	23	23
希腊	16 057	33	22	22
马耳他	26 975	34	31	19
葡萄牙	19 648	18	15	18
意大利	29 949	25	12	16
西班牙	26 835	14	11	11
乌克兰	2 564	32	30	34
北马其顿	5 494	4	34	33
罗马尼亚	9 928	26	25	32
塞尔维亚	4 840	24	29	27
保加利亚	7 670	30	27	26
俄罗斯	9 725	15	33	20

注：数据来源为全球电子商务研究院。

营商环境指数是针对国家监管环境的指标体系，是基于11个子指标的平均值，包括：创业服务、建筑许可、电力、资产、信贷、投资者保护、税收、跨境贸易、合同执行、劳工管理和破产处理。排名越靠前，意味着政府监管环境更有利于当地公司的创办和经营，公司所处的商业氛围也就更加融洽，获得的资源也越丰富，成功的可能性也就越高。丹麦、挪威、英国位居34个有统计数据的欧洲国家前三位；马耳他、希腊、乌克兰则位于后三位。

物流绩效指数反映了对一个国家物流状况的评估结果，主要涉及通关效率、贸易和运输相关基础设施质量，以及物流服务质量等要素，包括电子商务在内的与跨境销售直接相关的指标。该指数是由世界银行提出，以全球运营商的调查为基础，如全球货运代理和快递运营商等，目前覆盖了全球155个国家，有助于各国确定他们在贸易物流中所面临的挑战和机遇，以及可以做什么来改善这些问题。德国、瑞典、比利时位居34个有统计数据的欧洲国家前三位；北马其顿、俄罗斯、拉脱维亚则位于后三位。

电子政务发展指数是由联合国提出，用于衡量国家电子政务发展水平的综合指数，反映了各国政府利用信息交流技术提供公共服务的意愿与能力。这项指数有助于政府官员、政策制定者和研究者、公民代表以及私营部门等进一步了解一个国家利用电子政务提供以公众为中心的包容性、责任性服务的全球相对位置的比较基准。丹麦、英国、瑞典位居34个有统计数据的欧洲国家前三位；乌克兰、北马其顿、罗马尼亚则位于后三位。

六、结论

欧洲是世界上人口最稠密的地区之一，也是全球三大B2C电子商务市场之一。然而，欧洲也是由不同国家构成的分散化的市场，他们在文化、语言、法规、网购消费者和在线零售商行为偏好等方面都存在着差异，了解这些差异将有助于国际电子商务公司进入欧洲电子商务市场。

与世界其他地区相比，欧洲国家的互联网和网络购物渗透率都很高，国家之间的差异程度相对较小。互联网接入率和网络购物渗透率较低的区域主要集中在东欧地区国家，这些国家的网上消费能力也相应偏弱。英国、法国、德国、意大利、西班牙是欧洲最大的B2C电子商务市场；欧洲也有许多小型电子商务市场，但是由于市场规模有限，对国际电子商务公司的吸引力较小。

欧洲国家国内和跨境网购的消费者信心指数相对较高，特别是在英国、法国、德国等国家；但是，也有部分国家的国内和跨境网购消费者信心指数较低。在西欧国家，国家电子商务诚信标识在增强网购消费者对在线零售商的信任方面发挥着重要作用，这应当引起准备拓展西欧国家电子商务市场的国际电子商务公司关注。

欧洲国家的跨境网购消费者数量在过去几年增速很快,特别是那些本国电子商务市场规模较小的国家。欧洲国家的网购消费者对于国外网店位于欧洲地区或非欧洲地区存在着明显的消费偏好,准备拓展欧洲电子商务市场的国际电子商务公司需要考虑到这一点。尽管跨境网购在欧洲一些面积较小国家的消费者中更受欢迎,但由于市场规模的原因,对于像英国、德国、意大利、法国等体量更大的电子商务市场,仍然是国际电子商务公司最感兴趣的市场。

欧洲国家在衡量电子商务发展的关键经济指标稳定性方面高于世界其他很多国家。欧洲有19个国家以欧元作为共同货币,这在很大程度上有助于该地区的经济稳定。

附录B：国家电子商务示范基地——上海市普陀区中环商贸区

一、基地概况

国家电子商务示范基地中环商贸区地处上海市普陀区长征镇，在2018年荣获国家电子商务示范基地综合评价第一名，2019年荣获国家电子商务示范基地综合评价A级。中环商贸区区域面积4.5平方公里，是上海西北地区的中心，处于沪宁发展轴线的重要节点，也是连接长三角的陆上交通要道和西北门户。

中环商贸区以电子商务应用体系与支撑体系构建"互联网＋商务创新实践区"的商贸科技功能，推动零售业态各类新技术在商圈、社区等场景创新应用；积极发挥进博会溢出效应，提升老字号品牌影响力，加强商业诚信建设，提升生活消费品质。

中环商贸区初步形成了"1+2"电子商务发展格局，其中，"1"是形成了以天地软件园为核心承载区的电子商务产业集群；"+2"是指以天地软件园集聚电子商务产业集群加成在商圈、社区等2大消费场景智慧化发展，促进传统商贸企业转型升级以及新零售业态场景化应用。

在智慧商圈方面：一是提升了中环商圈整体的信息化、智能化水平；二是建立了百联、农工商、麦德龙等商场商户的线上渠道，线上线下融合，优化消费者体验；三是开展了与饿了么的跨渠道合作，实现商场积分跨界价值；四是开设了多渠道联名会员卡，与阿里巴巴等合作进行线上客流导入与线下客户互动体验；五是推广了红星美凯龙作为商务诚信试点企业的经验，进行商户信用管理并与上海市商务诚信平台实现共享互通；六是完成了百联中环智能管理系统升级建设，以大数据加强管理，优化消费者智能购物体验。

在智慧社区方面：以社区居民为主要服务对象，以满足基本生活消费和便民、利民需求为目标，一是通过天地软件园社区电子商务企业，建设集合以"互联网+"菜市场、餐饮、家政等社区便民服务集聚综合体，推动向新型智慧型社区生活圈转型；二是以"互联网+菜篮子"工程建设为抓手，促进新兴生活服务业态发展，开展购菜新模式创新，从食品安全、硬件管理等方面，加强社区智慧微菜场建设；三是开展"互联网+生活服务平台"建设，加快社区电子商务覆盖，满足生活服务需求，构建多层次、全方位的生活服务体系，促进社区消费结构升级。

二、基地建设情况

（一）承载能力建设

中环商贸区按照"一轴两翼"的空间布局已经形成，其中，"一轴"为市级商业中心，"两翼"为"东翼"天地软件园和"西翼"上海国际中小企业总部：

① 商贸企业总部：依托集聚的麦德龙亚洲总部、农工商超市集团总部、联华超市总部、红星美凯龙等大型商贸企业总部自建网购平台或与第三方电子商务平台合作，整合线上线下资源，以互融互促的方式促进传统商贸与电子商务融合发展。

② 园区产业基地：以天地软件园为核心，聚焦科技互联网，在软件、信息服务、动漫、大数据、手机游戏、智慧经济等领域形成产业集聚。

③ 智慧商圈社区：中环商贸区地理位置属长征镇，周边有 30 万居民和在商圈工作的商务人士，整合资源，探索智慧商圈与智慧社区的有机结合，建设智能化便民生活型商圈。

截至 2018 年底，以天地软件园为核心的电子商务园区已投入使用，办公面积约 47.8 万平方米，商业配套服务面积 10.7 万平方米；入驻电子商务类企业 698 家，同比增长 37.9%，入驻率达到 50.4%，其中，获得"国家电子商务示范企业"1 家，"上海市电子商务示范企业"3 家，入选商务部"商贸流通业典型统计调查企业"3 家；上市公司数量 16 家（3 家在创业板上市，13 家在新三板上市）。

（二）服务能力建设

1. 金融服务

中环商贸区与证券公司展开合作，为园区企业提供多角度、全方位的金融服务，先后引进了 IDG、红衫、软银、长赢资本、天雍资本、斐讯投资、景旭创投、优美缔股权投资基金等投资机构。上海景旭创业投资有限公司与上海长征资产管理有限公司共同设立了 2 亿元人民币规模的上海景旭长征凌辉投资基金。截至 2018 年底，获得金融服务电子商务企业数量 22 家，累计获得投融资总额约 1 000 余万元（不包括饿了么，它被阿里巴巴、蚂蚁金服 95 亿美元并购）。

2. 人才服务

中环商贸区积极引进海内外高层次创新创业人才，并在工作、生活上给予资金补贴。鼓励和支持用人单位加大对创新创业人才引进力度，充分调动人才中介机构引才积极性，搭建人才开发培养平台。推进博士后创新实践基地建设，资助创新创业项目，对处于孵化阶段的小微企业主要创始人（持股不低于10%），给予主要创始人（一般不超过3名）社会保险费补贴。对创新创业人才提供租房补贴和人才公寓补贴。对重点企业申请人才公寓采用配额制，并给予每人每月1 200元补贴。在2018年度，已有600余人"拎包入住"，260余人享受到租房补贴，总额超800万元。

在人才培训方面，与政府职能部门、商协会、第三方专业服务机构举办专业培训，在2018年度为园区内入驻电子商务企业开展包括企业所得税、金融、高新技术企业申报、企业政策咨询、人才激励等14场培训，参加培训学员570多人次；通过举办人才招聘会、发布微信公众号等多种方式为48家入驻电子商务企业输送了146位电子商务人才。

3. 孵化服务

中环商贸区为小微创新企业和个人创新创业成长提供低成本、便利化、全要素的开放式综合服务平台，包括创业苗圃、孵化器和加速器等，对被评为国家级、市级、区级"众创空间"，给予一定资金支持和资金配套。截至2018年底，共有孵化器以及提供孵化服务机构6家，在孵电子商务企业数量144家，其中，毕业电商企业数量达到24家。

（三）保障能力建设

1. 党建引领

中环商贸区所属核心园区天地软件园成立了党委，以党群工作带动示范基地创建工作，积极构建围绕发展抓党建、抓好党建促发展的良性循环，引领园区电子商务产业发展。截至2018年底，共有独立党支部17个，联合党支部5个，楼宇党支部1个，其中，成立党组织的电子商务企业达到16家；党员总数达到619名。组织生活会、学习会若干次；参观红色纪念馆10余次；收集相关征文观后感44篇；组织学习党章报告会16次；配发十九大报告、党章及学习资料600余份。

2. 统计监测

积极做好"互联网+"商务企业统计信息及相关资料的收集整理，准确掌握基本情况及变化状态，深入剖析，着力把握出现的新情况、新问题、新特点、新动向。并组织电子商务企业积极填报"上海市电子商务统计网上直报系统"，逐步建立健全中环商贸区电子商务统计报表制度。

3. 交流合作

中环商贸区积极开展对外交流，并依托引入的中国跨境电子商务应用联盟以及设立的中环商贸区专家委员会，通过会议、论坛、交流活动、专著等方式开展宣传交流活动。其中，与中国跨境电子商务应用联盟主办的"全球零售电子商务中国峰会"成功入选中国国际进口博览会配套活动；支持中国跨境电子商务应用联盟与 Dr2 Consultants、Ecommerce Foundation 以中外合作方式完成国内首部国际化研究成果——《"一带一路"与中欧跨境贸易》研究报告。

（四）示范能力建设

1. 发展速度与规模

2018年度，中环商贸区电子商务交易额1 021亿元，同比增长12.3%；电子商务企业营收总额143亿元，同比增长39.2%；电子商务企业纳税总额14.7亿元，同比增长10.2%；跨境电子商务交易额20亿元，同比增长42.7%。

2. 示范带动

获批国家电子商务示范基地以来，在国家级品牌影响下，推动了中环商贸区及长征镇经济稳健发展。截至2018年，电子商务企业研发成果数5 251个，其中，专利信息数1 724个，作品著作权数931个，软件著作权数2 596个；创建商标品牌数4 305个。

3. 吸纳就业

截至2018年底，电子商务企业从业人数约4.2万人，同比增长13.9%，其中，吸纳农民工就业人数约 0.87 万人。

三、发展创新情况

（一）规划扶持

中环商贸区委托上海城市创新经济研究中心编制了《提升中环商贸区功能"十三五"规划》。在普陀区政府和长征镇政府的支持下，根据电子商务企业的发展需要，出台了专门的政策，在区政府的各种政策能够兼顾到电子商务企业的基础上，长征镇出台了四新经济政策，中环商贸区每年安排 3 000 万资金，专门用于扶持中环商贸区电子商务企业发展。

（二）产学研合作

① 挂牌成立了"丝路电商（上海）研究院"，发挥上海区域优势，服务"一带一路"建设，增强国际合作参与度，打造经贸合作新亮点，建立形成包容普惠、互利互赢的丝路电商生态圈。

② 根据中环商贸区电子商务工作发展的需要，引入了中国跨境电子书商务应用联盟永久入驻中环商贸区，并成立了由 10 位国内外产学研届知名的专家、教授组成的中环商贸区电子商务专家委员会为中环商贸区电子商务发展提出专业意见和建议。

（三）创新应用

中环商贸区依据《长征镇"四新经济"引导资金使用办法》制定了"关于创新创业载体招商引资和服务经济的奖励办法"，鼓励新技术创新应用。积极协助入驻电子商务企业申报上海市高新技术企业，截至 2018 年底，已经有

40 家电子商务企业获批成为上海市高新技术企业，126 家企业获得 1 724 项专利证书，有 4 家企业及个人获得上海市级以上荣誉证书，取得 6 个新模式新应用成果。

（四）绿色发展

中环商贸区根据《绿色生态城市建设"十三五"规划》和国家级生态城市创建指标要求，加快绿色低碳产业、经济结构调整和发展方式转变，并制定绿色经济发展工作实施方案。截至 2018 年底，设立新能源汽车充电桩 30 个，生活垃圾分类收集容器 60 个，节能指示标牌约 100 个。

（五）精准扶贫

为"促进对口支援地区特色农产品电子商务上行，推动互联网创新成果与农村工作深度融合"，利用上海电子商务优势，做好上海对口支援地区的电子商务扶贫工作，积极帮助当地农特产品企业开拓上海市场，中环商贸区精心组织，充分调动各方资源，组织了 10 多家电子商务企业分赴贵州遵义习水县桑木镇、西藏日喀则亚东县、云南昆明东川区拖布卡镇等 3 个地区开展电子商务脱贫攻坚调研培训、结对帮扶、产销对接等工作，并在农产品上行、人才支援、资金支持、搭建平台和社会参与等基础上，加强对接力度，拓宽合作渠道，健全帮扶机制。2018 年度，累计与 13 个村签署结对协议，捐助帮扶资金 130 万元，培训当地干部群众 100 多人次，调研指导种养殖基地 8 处，并与当地多家供销社、农业公司签署了产销对接意向合作协议。

（六）行业规范

中环商贸区参与了"生鲜电子商务平台退换货服务要求"的上海市团体标准的制定和实施。引入了上海市信用服务产业基地，该基地是上海市乃至全国首个以信用服务为特色的产业基地，紧紧围绕上海市"五位一体"的信用体系建设，从上海市层面集聚资源，推动全市信用行业整体发展。

中国跨境电子商务发展报告
（2018—2019）

参考文献

[1] 张军, 陈瑾, 赵小杰. "一带一路"与新亚欧经济带建设 [J]. 企业经济, 2015, (11):110-114.

[2] 高艳丽, 路美弄. "一带一路"助推跨境电商转型升级 [J]. 人民论坛, 2017, (21):94-95.

[3] 黄艺. "一带一路"沿线国家跨境电商探索合作新模式 [J]. 改革与战略, 2017, 33(8):178-181.

[4] 招青. "一带一路"建设给跨境电商带来的机遇和挑战 [J]. 中外企业家, 2017, (19):54-55.

[5] 莫莉. "一带一路"推动跨境电商合作 [N]. 金融时报, 2017-07-04(8).

[6] 朱国银. "一带一路"沿线跨境电商金融互联体系构建 [J]. 企业技术开发, 2017, 36(7):12-15.

[7] 王丽丽. "一带一路"背景下我国跨境电商的路径探析 [J]. 对外经贸, 2017, (6):82-85.

[8] 范铭. "一带一路"促进跨境电商快速发展 [J]. 通信世界, 2017, (17):33.

[9] 徐伟丽. "一带一路"框架下中葡经贸合作成果丰硕 [N]. 国际商报, 2018-12-05(11).

[10] 顾学明. 总结"一带一路"经贸合作成果推动"一带一路"建设行稳致远——《中国"一带一路"贸易投资发展研究报告》介绍 [J]. 中国外资, 2018, (19):30-33.

[11] 马喆, 章成霞. "一带一路"倡议提出五周年取得丰硕成果 [J]. 城市轨道交通研究, 2018, 21(9):107.

[12] 张洁清, 王语懿. 中国—东盟环境合作, 重点在哪里？[J]. 中国生态文明, 2018,(4):73-75.

[13] 姜安印, 郑博文, 刘博. "一带一路"新型合作机制的政治经济学探析 [J]. 新疆大学学报:

哲学·人文社会科学版, 2018, 46(4):1-9.

[14] 崔岩. 新局势下的东北亚合作与"一带一路"建设——兼论中日经济合作的新机遇 [J]. 日本问题研究, 2019, 33(2):3-12.

[15] 恩和, 苏日古嘎."一带一路"背景下中国与东北亚其他国家经贸合作潜力——基于引力模型的实证研究 [J]. 商业经济研究, 2018, (23):135-137.

[16] 倪恒虎."一带一路"延伸东北亚的"诗和远方" [N]. 中华工商时报, 2018-09-18(3).

[17] 崔健, 刘伟岩."一带一路"框架下中日与第三方市场贸易关系的比较分析 [J]. 现代日本经济, 2018, 37(5):23-38.

[18] 李昌林."韩半岛新经济地图、新北方政策"与"一带一路"对接方案研究 [J]. 东北亚经济研究, 2018, 2(4):70-77.

[19] 高宏艳."一带一路"倡议下的东北亚经济合作分析 [J]. 知识经济, 2018, (14):39-40.

[20] 丁卓越."一带一路"与东北亚区域经济合作研究 [J]. 企业改革与管理, 2018, (11):205, 207.

[21] 姜龙范."一带一路"倡议视域下的危机管控与东北亚安全合作机制的构建 [J]. 东北亚论坛, 2018, 27(3):45-58, 127-128.

[22] 李楠."一带一路"倡议下东北亚区域合作机制 [J]. 经营与管理, 2018, (4):69-71.

[23] 丁纯, 霍卓翔. 改革开放以来中国与欧盟经贸合作的历史、现状、问题与展望 [J]. 海外投资与出口信贷, 2018, (6):18-24.

[24] 毛新雅, 门镜."一带一路"建设与中欧经贸合作 [J]. 当代世界与社会主义, 2017, (4):139-145.

[25] 张茂春. 推动"一带一路"在非洲行稳致远 [J]. 人民论坛, 2018, (35):56-57.

[26] 姚桂梅. 中非共建"一带一路":进展、风险与前景 [J]. 当代世界, 2018, (10):9-13.

[27] 徐国庆."一带一路"倡议与中非关系发展 [J]. 晋阳学刊, 2018, (6):83-91.

[28] 刘诗琪."一带一路"框架下中非合作的战略对接与挑战 [J]. 现代管理科学, 2019, (1):27-29.

[29] 董静. 国家开发银行牵头中非金融合作银联体成立 [J]. 中国金融家, 2018, (9):23-24.

[30] 王莉莉. 中德跨境电商合作待升级 [J]. 中国对外贸易, 2017, (1):68-69.

[31] 陈亚莉, 范艳艳."一带一路"背景下河南跨境电子商务的现状及发展研究 [J]. 现代营销:下旬刊, 2019, (2):169-170.

[32] 顾春光, 周兴会, 翟崑. 新时代视野下"一带一路"模式升级研究——以东南亚区域合作为例 [J]. 中国软科学, 2018, (6):97-104.

[33] 林俐，翟金帅."一带一路"沿线境外经贸合作区运行机制及空间布局——以东南亚区域为例 [J]. 当代经济, 2017, (2):112-114.

[34] 张君荣，王晓真."一带一路"与欧洲复兴互为机遇 [N]. 中国社会科学报, 2015-06-05.

[35] 于洋，张今华. 浅析中欧"一带一路"合作战略和成效 [J]. 东北亚经济研究, 2018, 7(3):16-24.

[36] 赵嘉政. 塞尔维亚：共建"一带一路"共享"五通"成果 [N]. 光明日报, 2017-12-21(10).

[37] 杨虹. 匈牙利首发"熊猫债"促"一带一路"多元化融资 [N]. 中国经济导报, 2017-08-08.

[38] 田晓军. 成立"一带一路"全国联合会保加利亚希望全面参与"一带一路"建设 [N]. 经济日报, 2017-04-18.

[39] 王岩. 中捷签署"一带一路"双边合作规划这是我国与欧洲国家共同编制的关于"一带一路"首个双边合作规划 [N]. 中国改革报, 2016-11-09.

[40] 俞家海，张伟军."一带一路"在缅对接现状与挑战 [J]. 印度洋经济体研究, 2017(6):61-76, 139-140.

[41] 周兴泰. 马来西亚华人社会推动中马"一带一路"合作研究 [J]. 八桂侨刊, 2018(4):31-43.

[42] 黄晓燕，秦放鸣."一带一路"背景下中国与西亚国家产能合作基础与模式研究 [J]. 新疆大学学报：哲学•人文社会科学版, 2017, 45(5):1-9.

[43] 曾向红."通"中之重："丝绸之路经济带"建设在中亚 [J]. 当代世界, 2019, (2):74-78.

[44] 吴桂贤，郭伟光."一带一路"倡议下中非跨境电商合作面临的机遇与挑战 [J]. 对外经贸实务, 2019, (3).

[45] 铮榕."一带一路"发展新机遇：移动支付与创新跨境电商运营模式 [J]. 国际融资, 2019, (4):47-48.

[46] 杜正博. 一带一路跨境电商物流模式与市场研究 [J]. 中外企业家, 2019, (2):54.

[47] 人才为先导企业"走出去"——国家外国专家局原副局长张亚力在"一带一路"人力资源论坛上的发言 [J]. 中国就业, 2018, (11):8-10.

[48] 邱江雪."一带一路"背景下我国跨境电商物流发展现状与对策分析 [J]. 当代经济, 2018, (21):98-99.

[49] 中国热带农业科学院环境与植物保护研究所专家赴柬埔寨执行"一带一路"沿线国家

热带农业资源联合调查与开发评价项目 [J]. 世界热带农业信息 , 2018, (10):5.

[50] 徐寿芳 , 章剑林 . 基于区块链技术的"一带一路"跨境物流平台构建 [J]. 物流技术 , 2018, 37(7):56-61, 124.

[51] 李建军 , 李俊成 ."一带一路"基础设施建设、经济发展与金融要素 [J]. 国际金融研究 , 2018, (2):8-18.

[52] 姜巍 ."一带一路"沿线基础设施投资建设与中国的策略选择 [J]. 国际贸易 , 2017, (12):44-52.

[53] 吴贝贝 . 搭建人民币国际化高速公路助力"一带一路"发展——人民币跨境支付系统 (一期) 建设与展望 [J]. 中国金融电脑 , 2017, (12):11-14.

[54] 白东蕊 . 中国与东南亚跨境电商合作的发展趋势与挑战 [J]. 对外经贸实务 , 2018, (7):16-19.

[55] 吴桂贤 , 郭伟光 ."一带一路"倡议下中非跨境电商合作面临的机遇与挑战 [J]. 对外经贸实务 , 2019, (3):28-31.

[56] 中国一带一路网 .https://www.yidaiyilu.gov.cn/xwzx/pdjdt/10440.html.

[57] 中国网 .http://www.china.com.cn/news/2017-09/04/content_41525134.html.

[58] 一带一路国际合作高峰论坛 .http://www.beltandroadforum.org/.

[59] Club Factory 官网 . https://www.clubfactory.com/.

[60] 亿邦动力网 . http://dy.163.com/v2/article/detail/EGIDVHRV05149HV5.html.

[61] 小笨鸟官网 . https://www.xbniao.com/.

[62] 智汇创想官网 . http://www.zhcxkj.com/.

[63] 星家加官网 . http://www.xingretail.cn/.

[64] Fordeal 官网 . http://mai.fordeal.cn/#.

[65] 宁波萌恒官网 . https://www.mhin1999.com/industrial-distribution/aosom.html.

[66] Cheezmall 官网 . http://www.cheezmall.com/.

[67] 亿邦动力网 . http://www.ebrun.com/20190424/331180.shtml.

[68] Amanbo 网站 . https://www.amanbo.com/.

[69] 豌豆公主网站 . https://m.wandougongzhu.cn/.

[70] 网来云商网站 . https://www.cbec365.com/.

中国跨境电子商务发展报告
（2018—2019）

后　记

当前国际形势正在经历深刻复杂变化，呈现出"世界多极化、经济全球化、社会信息化、文化多样化"的现象。习近平主席六年前在出访时提出的"一带一路"倡议已取得重要阶段性成果，正在进入到全面推进务实合作的新阶段。世界各国正加强沟通、扩大共识、深化合作，共同构建人类命运共同体，促进全球贸易增长。

随着跨境电子商务从无到有、从弱到强的逐步发展，跨境电子商务开始形成比较成熟的交易体系、供应链体系与服务体系，跨境电子商务生态不断成熟，形成平台在前、供应链在后的新格局；正在搭建起一个自由、开放、通用、普惠的全球贸易平台，亿万消费者可以买全球，中小企业可以卖全球，真正实现全球连接、全球联动。新型全球数字贸易雏形已现。

2018年是中国跨境电子商务发展不平凡的一年，国际上首部电子商务领域综合性立法《电子商务法》正式出台，将推动中国跨境电子商务进入权责明晰、有法可依的新阶段。从首部电子商务领域综合法律的出台到跨境电子商务零售进口监管政策落地，从新设22个城市为跨境电子商务综合试验区到跨境零售进口监管政策推向综合保税区。在政策环境不断优化的背景下，

后 记

2018年中国跨境电子商务总体交易额不断增长，进出口结构和品类分布有所优化，以多业态融合为特征的新模式蓬勃发展；在相关政策的推动下，跨境电子商务生态链不断优化，服务体系更加完善，实现了信息流、资金流、物流的互联互通，助力跨境电子商务企业的健康发展。

习近平主席在2019第二届中国国际进口博览会开幕式上的讲话中提出："我们要以更加开放的心态和举措共同把全球市场的蛋糕做大，把全球共享的机制做实，把全球合作的方式做活，共同把经济全球化动力搞得越大越好，阻力搞得越小越好。"

为此，中国商务部正在积极推进"丝路电商"，建立多边和双边政府间电子商务合作机制，为企业人员、技术、资本交流搭建合作平台，鼓励中国电子商务企业到国外发展，拓展海外发展空间；在境外建立合作园区，设立海外运营机构、研发中心和服务体系，发展跨境电子商务、服务外包等外向型业务，支持软件企业创建服务品牌面向全球，打造中国服务。

中国跨境电子商务应用联盟（CCEAA）是在"一带一路"倡议背景下，成立于2015年1月1日，由国内多家从事跨境电子商务业务的企事业、行业组织与产业基地共同筹备发起成立的合作交流平台。联盟总部位于上海市普陀区中环商贸区，在京津冀、广东、福建、黑龙江以及东盟、亚非等地设有合作机构，接受中华人民共和国商务部电子商务与信息化司的指导。中国跨境电子商务应用联盟与全球跨境电子商务联盟，美国、巴西、欧洲电子商务联会，全球电子商务研究会，法国、意大利、俄罗斯、澳大利亚等国电商协会建立了合作关系，积极推进国际跨境电子商务项目对接交流与合作，促进国际跨境电子商务产业链的集聚和整合。在"一带一路"全球化发展进程中，联盟将依托云计算、大数据、人工智能、区块链等最新共性技术构建的数字经济体系，聚焦在跨境贸易（技术贸易、服务贸易、货物贸易）全产业链的交流与合作。

为了更好地推进"一带一路"倡议下的跨境电子商务高效稳步发展，CCEAA从2015年开始组织编写每年度的《中国跨境电子商务发展报告》，以供海内外从事跨境电子商务的各类组织机构参考和交流。

本年度（2018—2019）跨境电子商务发展报告较系统地阐述了2018—2019年度中国跨境电子商务的总体概况，包括：跨境电子商务发展总体现状、环境建设与综合试验区发展、海南自贸区（港）与跨境电子商务发展概况等；分不同地区重点研究了中国与东南亚、东北亚、中西亚、中东欧及非洲国家跨境电子商务合作概况，包括：国家概况与经贸市场、电子商务发展概况、跨境电子商务合作现状、面临困难及提升途径等；探讨了中国沿线区域跨境电子商务发展概况，主要是：粤港澳大湾区、长三角城市群、长江流域经济带、京津冀城市群、东北—蒙东经济区以及西部经济带；遴选介绍了近年来企业跨境电子商务典型案例；并附有欧洲B2C电子商务发展报告（2018—2019）。

本报告由汤兵勇教授和Drs. Frans van Drimmelen负责总体策划与统稿，组织双方高等院校、行业机构及业内专家共同撰写完成。在编写过程中得到了国家各部委办及各地政府部门、相关企事业单位的热情指导，得到了全球跨境电子商务联盟（CBEC）、欧洲电子商务协会（Ecommerce Europe）、全球电商研究院（Ecommerce Foundation）等海外机构提供的宝贵资料和友好帮助，特别是得到了上海市普陀区长征镇政府和中环商贸区的大力支持，以及上海市网购商会、中国（上海）全球电商互联网大会组委会的积极配合，在此一并表示衷心的感谢！由于目前跨境电子商务正在迅速发展过程中，此次编写时间仓促，选择的资料（包括典型案例等）有一定的局限性，再加上作者水平有限，书中会有不当之处，还望读者批评指正。我们将在今后年度发展报告的编写中，及时吸取最新应用成果和成功案例，不断完善和提高编写水平，为推动跨境电子商务发展做出应有贡献。

中国跨境电子商务应用联盟主席团主席

汤兵勇

2019年11月18日